# Agilidad empresarial con Beyond Budgeting, Open Space y Sociocracia.

## Sobrevivir y Prosperar en la Era de la Disrupción

Jutta Eckstein, John Buck y Carlos Marín Pascual

# Agilidad empresarial con Beyond Budgeting, Open Space y Sociocracia.

## Sobrevivir y Prosperar en la Era de la Disrupción

Jutta Eckstein, John Buck y Carlos Marín Pascual

ISBN 978-3-947991-11-2

Diseño de portada e ilustraciones de capítulos: Katja Gloggengießer, www.grellgelb.de

URL del libro: http://agilebossanova.com





Se ha publicado la versión original en inglés titulada: Company-wide Agility with Beyond Budgeting, Open Space & Sociocracy. Survive & Thrive on Disruption. ©2018 1er edición.

# ¡Tuitea sobre el libro!

Por favor ayuda a Jutta Eckstein, John Buck y Carlos Marín Pascual hablando sobre el libro en Twitter!

El hashtag sugerido para este libro es #agilebossanova.

Descubre lo que otra gente dice sobre el libro haciendo clic en este enlace para buscar el hashtag en Twitter:

#agilebossanova

# Índice general

# II   Improvisando la melodía . . . . 53

# Reconocimientos

Un agradecimiento especial a nuestros primeros revisores por la traducción al español: José Manuel Beas, David Cuesta, Juan Garbajosa, Agustin Yagüe Panadero y Eduardo Toledo.

Queremos dar las gracias a nuestros revisores (en orden alfabético): Eric Abelen, Bjarte Bogsnes, Andrew Buck, Gerard Endenburg, Hendrik Esser, Marc Evers, Aimee Groth, Azy Groth, Michael Herman, Gergely Hodicska, Diana Larsen, Evan Leybourn, Yves Lin, Sandy Mamoli, Steve Morlidge, Christa Preisendanz, Annewiek Reijmer. Estamos realmente agradecidos por todos los fantásticos y serios comentarios. Incorporamos muchos de ellos.

Gracias a todos vosotros que habéis compartido vuestras experiencias: Eric Abelen, Bjarte Bogsnes, Hendrik Esser, Michael Herman, Jez Humble, Anders Ivarsson, Todd Kromann, Tracy Kunkler, Diana Larsen, Yves Lin, Sandy Mamoli, Pieter van der Meché, Johanna Rothman, James Shore, and Karen Stephenson.

Los miembros de la iniciativa *"Supporting Agile Adoption"* de la Agile Alliance hicieron excelentes contribuciones a nuestro trabajo, tanto en la parte creativa como en la parte consultiva. Gracias a: Eric Abelen, Ray Arrell, Bjarte Bogsnes, Jens Coldewey, Esther Derby, Almir Drugovic, Hendrik Esser, Israel Gat, Don Gray, Michael Hamman, Jorgen Hesselberg, Anders Ivarsson, Bill Joiner, Boris Kneisel, Diana Larsen, Pieter van der Meché, Claudia Melo, Heidi Musser, Jaana Nyfjord, Ken Power, Michael Sahota, George Schlitz, James Shore, Dave Snowden, Rhea Stadick, Kati Vilkki. En este aspecto, también queremos dar las gracias a la Agile Alliance por dar soporte a esta iniciativa.

Un agradecimiento especial a Katja Gloggengießer por las excelentes ilustraciones. Kudos para nuestros primeros lectores, Christine

Maßloch y Ramona Braddock Buck, por el *feedback* y a Mario Lucero, por inspirarnos con su material gráfico.

También queremos dar las gracias a todos los participantes que con sus preguntas y discusiones nos guiaron en la dirección correcta. Kudos para los participantes en el taller en Agile 2016 y Agile India 2017: Vipin Agarwal, Syed Shabid Ali, Ravi P Ayyar, R Muni Yugandar Babu, Chandrakanth Biradar, Lalatendu Das, Sharath Desai, Manish Dureja, Thiyagarajan G G, Srikanth Ganugapati, Hari Iyer, Prasad Kabbur, Tarek Kaddoumi, Vijaya Kalluri, Satish Khot, Hari Kiran, Suneetha Konda, Guruprasad Krishnan, Seema Kumar, Ganesh T M, Sandy Mamoli, Shweta Mohindru, Uma Naidu, Sita Pun CSM, Divya Rajanna, Suman Ramaswamy, Mr. Shrey Razdan, Vasudevan A S, Balaji Sathram, Prashanth Shidlaghatta, Sunit Sinha, Surender Subramanian, Uday Tiwari, Mihir Ranjan Tripathy, Rajiv Tuli, Jatinder Verma, Chandar VR.

Y por último, agradecemos a nuestros socios Ramona Braddock Buck and Nicolai Josuttis por su paciencia y soporte continuado.

# Introducción

Las empresas, en general, tienen la necesidad de ser más rápidas, enfrentarse a cambios frecuentes de mercado, lidiar con necesidades específicas (y no generales) de clientes (los cuáles demandan productos individualizados), tener dificultades para encontrar y retener talento (lo cual es más complicado con los *millennials*, quienes no han crecido en estructuras jerárquicas), y descubrir que la revolución digital quiere decir que es difícil encontrar un lugar donde el *software* no esté suponiendo un disrupción independientemente del tipo de industria.

Muchas empresas están usando de forma exitosa marcos de trabajo *Agile* para departamentos de Tecnologías de la Información (TI). *Agile* ha fomentado drásticamente la tasa de finalización de proyectos, permitiendo que las decisiones de producto sean más rápidas y precisas. Debido a este éxito, ha habido intentos de aplicar conceptos ágiles a otras partes de la organización que no tienen nada que ver con el desarrollo de *software*, pero con resultados muy limitados. Se termina usando herramientas *Agile* diseñadas para el *software* en otro tipo de trabajo totalmente distinto; por ejemplo, un equipo directivo usando una reunión diaria para la sincronización del trabajo en lugar de la tradicional reunión de estado.

Si todos aprendemos a aplicar conceptos *Agile* a toda la organización, conseguiremos alcanzar los mismos beneficios revolucionarios en todos los ámbitos, en lugar de sólo en los departamentos de ingeniería. En todas las empresas y organizaciones, desde un banco o un fabricante a organizaciones caritativas que proporcionan alimentos a gente sin hogar.

Para extender los conceptos de *Agile,* es importante tener una visión integral de la empresa (u organización) sin excluir ninguna parte. La visión holística tiene que abordar dos retos: sobrevivir a (y manejar) fuertes disrupciones como empresa y expandir los métodos *Agile* a toda ella. Fruto de una reciente encuesta de McKinsey se descubrió que: "La transformación de empresas para alcanzar la agilidad organizacional acaba de comenzar, pero ya está dando resultados positivos" (Ver McKinsey). La encuesta descubrió además que "[...] las empresas tienen altas aspiraciones para la agilidad. Tres de cada cuatro participantes contestaron que la agilidad organizacional es una de las tres primeras prioridades de sus departamentos y más transformaciones parecen estar de camino".

Los retos actuales de las empresas y la necesidad de implantar *Agile* más allá de departamentos de TI, requieren de unas pautas para llevar la agilidad a lo largo y ancho de toda la empresa.

Después de una investigación, descubrimos muchos intentos recientes e independientes para abordar estos retos.

Queremos transmitir lo que hemos encontrado y admitimos sentirnos sobrepasados por todo lo que descubrimos. Sin embargo, no queremos agobiarte. Te sugerimos que leas este libro con la expectativa de encontrar términos con los que no estás familiarizado. Muestra interés en estos nuevos términos sin la ambición de dominarlos por completo. Aprovecharás este libro sin enloquecer con la terminología.

Al principio, combinar *Agile* y Sociocracia pareció muy potente, pero la combinación deja algún vacío, por ejemplo, en funciones de soporte administrativo y en el área de personas: no se tiene en consideración la pasión. "Más allá del presupuesto" (*Beyond Budgeting*) y *Open Space* parece que están diseñados para abordar este vacío. También encontramos gran valor en métodos y herramientas especificas, como *Design Thinking*, *Lean Startup*, *Human System Dynamics* y el modelo *Cynefin*.

Sin embargo, hablando con varios expertos descubrimos que si preguntamos cómo resolver los retos de las empresas (básicamente, cómo implantar la agilidad en toda la empresa), la respuesta estaba en los propios *frameworks* de esos expertos. Por ejemplo:

- Un experto de "Más allá del presupuesto" podría decir: "Deja de planificar el presupuesto anualmente, porque de otra forma no tendrás la flexibilidad de actuar ante los cambios frecuentes del mercado".
- Un experto de *"Open Space"* podría decir: "Necesitas tener espacio para lo que no sabes y lo que no puedes controlar, para cosas totalmente nuevas que puedan aparecer. Si se invita a la gente a seguir su pasión, serás capaz de implantar la agilidad a lo largo de toda la empresa; de otra forma las personas harán únicamente lo que se les pida".
- Un experto en Sociocracia podría decir: "Primero necesitas resolver la estructura de poder, porque mientras tengas una jerarquía definida de arriba a abajo no llegarás a ser ágil".
- Un experto en Agilidad podría decir: "Necesitas revisar y adaptar regularmente, usando retrospectivas, con el objetivo de reaccionar con flexibilidad; de otra forma, nunca serás capaz de aprender del mercado ni de tu propia empresa".

Todas estas perspectivas son ciertas, pero la perspectiva proviene siempre de lo indicado en el *framework*. Si profundizas, ellos podrían afirmar que con su *framework* cumplirían los objetivos de otros *frameworks*. Pero incluso entonces, lo abordarían dentro del suyo propio y perderían la riqueza que proporcionan el resto de *frameworks*. Lo que es necesario es una perspectiva más amplia que viene de sintetizar estos *frameworks*. A esta perspectiva más amplia la hemos denominado "BOSSA nova" y sintetiza cuatro corrientes: "Más allá del presupuesto" (B = Beyond Budgeting), *"Open Space"* (OS), Sociocracia (S) y *Agile* (A). Como frase, "BOSSA nova" tiene diferentes significados:

- Traducido del portugués significa "nueva ola" o nueva tendencia. Creemos que esta síntesis es, en cierta parte, una nueva ola que las empresas necesitan transitar para abordar los retos de hoy día.
- Es un estilo de música popular, una fusión de la samba y el jazz. Lo que proponemos es también una fusión, una fusión de diferentes corrientes.
- Es un baile complicado. Bailar siempre significa adaptación, tanto a la música como a tu compañero de baile, así como realizar nuevos pasos e incluso una nueva música por ti mismo. Los bailarines reaccionan al entorno y también lo modifican, ya que su entusiasmo inspira a los músicos e incluso puede atraer al público a bailar.

Aunque una persona puede iniciar una implantación de BOSSA nova, rápidamente llegará a ser una actividad de adaptación de un equipo. Cuando decimos "adaptación" quiere decir que no podemos seguir una receta. BOSSA nova no es prescriptivo; fluye con la situación actual.

Este libro proporciona breves resúmenes de cada una de las corrientes sin entrar en detalles. La bibliografía y el apéndice indican sitios donde obtener más detalles. Sin embargo, puedes usar las ideas de este libro inmediatamente incluso si sólo has estado expuesto a una de las cuatro corrientes tratadas y/o si estás abierto a la experimentación.

Tomamos el enfoque de "Acción Adaptativa" (del modelo de *Human System Dynamics*, ver Eoyang & Holladay) para escribir el libro, dicho modelo sugiere hacer las preguntas "Qué", "Entonces qué" y "Ahora qué" [1]:

- **Qué**: En la Parte I tratamos el "Qué". Son observaciones sobre los retos actuales a los que se están enfrentando las empresas.

---

[1] Patrones definidos como una muestra fiable de rasgos, actos, tendencias u otras características observables de una persona, grupo o institución. Por ejemplo, un patrón de comportamiento, patrones de gasto o el patrón predominante del habla (ver Merriam-Webster).

Estos retos son la necesidad (el por qué) para nuevas soluciones. La solución *Agile*, que surgió y en parte causó la revolución digital, ha sido un gran éxito. Sin embargo, los intentos de resolver los retos de toda la empresa extendiendo prácticas *Agile* a otros tipos de trabajo están resultando inadecuados. Vamos a analizar otras estrategias para encontrar aquellas con las que mejor se puedan abordar los retos de toda la empresa. Hemos seleccionado cuatro corrientes: "Más allá del presupuesto", *Open Space*, Sociocracia y *Agile* - BOSSA nova. Por último, para proporcionar una base para una solución combinada, interpretamos los valores del Manifiesto Ágil para el contexto de toda la empresa (Ver AgileManifesto)

- **Entonces qué**: Esta segunda pregunta del enfoque de "Acción Adaptativa" busca valorar las observaciones. En la Parte II, abordamos el "Entonces qué" desde el punto de vista de qué diferentes corrientes describen los mismos valores. Las combinamos para obtener una visión más enriquecedora y completa. Desarrollamos esa visión profundizando en cada valor fundamental de la empresa (auto-organización, transparencia, foco constante en el cliente y aprendizaje continuo) para ver lo que cada una de las corrientes tiene que decir. Finalizamos la Parte II sugiriendo un nuevo tipo de diagrama organizacional para las empresas y una nueva forma de ver a los equipos multifuncionales.

- **Y ahora qué**: La Parte III se focaliza en la tercera pregunta del enfoque de "Acción Adaptativa". Exploramos cómo implantar BOSSA nova en una empresa. Para una mayor practicidad, organizamos los conocimientos de la Parte II en estrategia, estructura y procesos. Nótese que el modelo *Cynefin* recomienda lidiar con la complejidad mediante la experimentación, sugerimos varias vías para probar de inmediato (Ver *Cynefin*). La Parte III concluye verificando que los experimentos realizados realmente abordan los retos mencionados en la Parte I y sugiriendo como seguir desarrollando BOSSA nova de forma fluida. La Parte IV, la parte final, repasa el lugar de las empresas en la sociedad.

A medida que vayamos avanzando las secciones del libro, el tono cambia. El tono cambiante refleja un viaje de conocimiento y te invitamos a unirte a nosotros en el recorrido. El propósito básico de este libro es ayudarte a estar abierto a explorar nuevas ideas. ¡El viaje comienza aquí!.

Si te gusta el libro, por favor, escribe tu opinión en Leanpub, Amazon, Twitter o tu red social favorita. ¡Muchas gracias!

# I Reuniendo a la banda

"Es bastante paradójico como los líderes empresariales occidentales ensalzan la democracia como el modelo obvio e indiscutible para organizar una sociedad de forma efectiva. Cuando esos mismos líderes miran hacia sus propias empresas, entonces sus creencias e inspiraciones parecen venir de un lugar muy distinto, desde ideologías totalmente opuestas". – Bjarte Bogsnes, *Implementing Beyond Budgeting*

"No podemos resolver nuestros problemas con el mismo pensamiento que usamos cuando los creamos". – Albert Einstein

---

Esta parte explora la pregunta "qué" del modelo de Acción Adaptativa (Ver Eoyang & Holladay). ¿Cuáles son los retos con los que están lidiando las empresas? ¿Qué significa pensar fuera de la caja? ¿Cuáles son las diferentes formas de abordar estos retos?

Con la revolución digital, una notable corriente como *Agile* está presionando para expandirse más allá de su campo central, el desarrollo de software. Revisaremos cómo *Agile* está abordando estos retos. Los intentos de abordar un amplio rango de retos con *Agile*, aunque han sido bien intencionados, no han sido tan exitosos como en el mundo del software.

Comenzamos con una búsqueda y listamos y examinamos muchas otras herramientas e intentos. Repasamos estos diferentes intentos y nos mantenemos alejados de otros.

Y para terminar, generalizamos los valores *Agile* para hacerlos usables en toda la empresa.

# 1. Desafíos de hoy en día

Las empresas deben llegar a ser más ágiles y flexibles ya que se enfrentan a un desafío crucial en aumento, como son los mercados complejos y cambiantes, incluyendo la disrupción digital.

Una forma exitosa de resolver este reto en los departamentos de Tecnologías de la Información (TI) es mediante el uso de marcos de trabajo Ágiles, promovidos en 2001 por el Manifiesto Ágil (Ver ManifiestoÁgil). Sin embargo, las empresas que intentan hacer uso de marcos Ágiles en toda la compañía, más allá del departamento de TI, están teniendo resultados limitados.

Por tanto, este capítulo trata dos temas:

- Retos a los que se enfrentan las empresas en general.
- Retos a los que se enfrentan las empresas que están intentando implantar enfoques Ágiles para toda la empresa.

## 1.1 Retos para las empresas

La empresas viven en el mundo VUCA. VUCA quiere decir - volátil, incierto, complejo y ambiguo (*Volatility*, *uncertainty*, *complexity* y *ambiguity*). Este mundo es creado, por ejemplo, por la guerra del talento, las demandas cambiantes de los *millennials* y las siguientes generaciones, la digitalización, la necesidad de alcanzar rápidamente un mercado, la globalización, sobrevivir y/o prosperar en épocas de disrupción - simplemente por mencionar algunos. Este mundo VUCA provoca que las empresas intenten actuar de forma más ágil - "a" en minúscula, siendo flexibles, rápidas y adaptativas - y preguntándose si pueden usar *Agile* - tal y como es definido en el Manifiesto Ágil o métodos específicos como *Scrum*.

Ante la complejidad tendemos a buscar una relación de causa y efecto después de que algo suceda; si la situación es compleja, realmente no podemos saber qué es lo que ha causado ese efecto. Hay una falta de predictibilidad; la realidad es difusa y con muchas posibilidades de realizar malas interpretaciones. Y, aunque no toda situación incierta o ambigua es automáticamente compleja, toda situación compleja es al mismo tiempo incierta y ambigua. En el pasado, las empresas creaban planes a largo plazo y monitorizaban si el plan se seguía mediante hitos.

Un plan a largo plazo está casi desactualizado el mismo día que el plan ha sido terminado (o incluso antes de ser finalizado) porque el mercado, los competidores y otros factores influyentes están cambiando muy rápidamente. Las asunciones en la planificación rara vez predicen cambios tecnológicos, tales como avances de los competidores, cambios económicos, como la inesperada Gran Recesión, y valores sociales. Por tanto, las empresas ya no pueden predecir y planificar - al menos no para el largo plazo, y por eso las empresas necesitan una forma más ágil de planificación.

Además, los productos son mucho más complejos de lo que eran antes. Muchas empresas ven la necesidad de aliarse con otras organizaciones, con sus clientes, o con otras comunidades ya que ninguna puede resolver por si sola estos problemas complejos.

Varios son los factores que contribuyen al reto de un mundo VUCA, se examinarán con más detalle más tarde.

La solución no es necesariamente obvia. Por ejemplo, citando la teoría de Dinámica Espiral de las organizaciones teal (Ver p. ej. Laloux), existe un movimiento actual hacia "no jefes / no jerarquías". Sin embargo, hay evidencias de que aunque las organizaciones planas pueden aumentar la creatividad, ello ocasiona conflictos, hace que las decisiones difíciles sean aún más difíciles y ahuyentan a los empleados (Ver Guldner). Así que, la solución al problema de la estructura no es sencillo. Debe ser sutil y matizado considerando varios factores, incluyendo el tamaño y las personas.

## Tamaño

Los grupos grandes de personas parecen tener más problemas en su camino a la agilidad que los grupos pequeños. ¿Puede ser ágil un elefante?. Las corporaciones grandes a menudo están forzadas a comprar empresas más pequeñas que innovan más rápido de lo que ellos pueden hacerlo, pero esta estrategia puede que aún no resuelva el problema.

*Lean Startup* sugiere que cada empresa -pequeña o grande- debe actuar como una *start-up* parar resolver la necesidad de una mayor agilidad. Algunas corporaciones grandes (obviamente no *start-ups*) proporcionan espacio dentro de la empresa para la creación de *start-ups* de las cuales no son las propietarias. Pueden establecer *think-tanks* internos (comparables a *start-ups* dentro de la empresa). O, pueden comprar *start-ups* y atraerlas sin cambiar su ADN corporativo (en el pasado, la compañía padre intentaba cambiar la cultura de la compañía comprada). Mientras estas estrategias pueden hacer más ágiles ciertas partes del elefante corporativo, no se aborda el problema completo. Por tanto, el reto permanece ahí.

## Personas

Con el cambio de generación hay nuevos retos que las empresas necesitan abordar. Por un lado, es más difícil encontrar gente adecuada para lidiar con los problemas que la revolución digital está pidiendo, lo que significa que las empresas están buscando talento en cualquier parte del mundo y no pueden limitarse a buscar gente cualificada sólo de forma local.

Por otro lado, comenzando con los *millennials*, las siguientes generaciones han crecido con las redes y no en jerarquías. Mientras que las generaciones anteriores crecían en comunidades como los *"Boy Scouts"* o grupos de la iglesia, los miembros más jóvenes del mercado laboral crecieron en grupos más específicos y organizaciones menos estructuradas, donde todo el mundo tiene la misma voz y prima el seguir la pasión de uno mismo. Debido al amplio uso de las redes sociales, está siendo más común la creación de redes y hablar abiertamente. Las personas -no sólo los *millennials*- llevan este comportamiento también al trabajo, lo que no es un comportamiento típico en corporaciones tradicionales. Este efecto de las redes también provoca diferentes expectativas relacionadas con el lugar de trabajo. Las empresas tienen que ajustar estas nuevas expectativas invitando a la gente a perseguir su pasión, proporcionando igual acceso a la información necesaria, respetando todas las voces, y no implementando jerarquías con poder autocrático de unos sobre otros. Si las empresas no se están preparando para estos retos, sufrirán no sólo reclutando a gente cualificada, sino también reteniéndola.

La cultura de la empresa afecta fuertemente a la innovación y puede promover o dificultar el cambio. Tal y como nos indicó la antropóloga Karen Stephenson: "Todas las culturas (incluyendo las organizaciones y comunidades) son redes de confianza; la jerarquía es puramente el andamiaje sobre la que se sustenta. Las redes de confianza basadas en la jerarquía son la mayor resistencia al cambio. Sin embargo, la activación de una red de confianza es lo que cataliza esa resistencia en un cambio sostenible".

En general, un departamento típico de recursos humanos tiene que elaborar sistemas para clasificar el trabajo, crear descripciones de puestos de trabajo y contratar personas para cubrir esas posiciones. La descripción de un puesto es una lista de roles y responsabilidades. ¿Deben las empresas definir primero los puestos de trabajo y después buscar a las personas adecuadas?. ¿O deben buscar a la gente adecuada y después ver que pueden hacer?. Esta última pregunta quizás llevaría más a la innovación. La innovación parece venir de una persona significativa, informada, con pasión y grandes habilidades sociales (ver Duhigg) y no de alguien encasillado en un rol como una almeja en su caparazón.

## Revolución Digital

Como emprendedor, inversor e ingeniero de software, Marc Andreessen mencionó en su tan citado ensayo de Wall Street: "El software se está comiendo el mundo." (Ver Andreessen)

- En otras palabras, cada vez hay menos áreas no afectadas por el software. Un simple ejemplo: Muchos de los fabricantes tradicionales de coches no se ven a ellos mismos como fabricantes de coches, sino como empresas de software, porque la diferenciación entre un coche y otro está en el software. Lo mismo empieza a suceder con bancos y empresas de seguros. La consecuencia es que más compañías necesitan interiorizar este concepto diferente sobre lo que es su principal producto.
- Las máquinas con inteligencia artificial han ganado terreno en áreas más allá de máquinas con inteligencia como el juego Go y el poker. La conducción autónoma podrá dirigir nuestros coches. Además, la automatización de muchas áreas de las empresas tendrá otras consecuencias:
  - Las habilidades requeridas para el trabajo van a cambiar, la gente necesita ser capaz de manejar y programar los procesos automatizados.
  - Parece probable que las máquinas podrán encargarse de muchos de los trabajos realizados por las personas y que los únicos trabajos restantes para la gente estarán relacionados con la innovación.
- Las empresas no pueden controlar cómo son percibidas desde el exterior. Las redes sociales tienen la capacidad de crear una reputación que es difícil de cambiar para una empresa. Esta transparencia obligatoria requiere una relación diferente con los empleados, clientes y mercados potenciales.

## Conflicto de intereses

Uno de los propósitos clásicos de una empresa es el de maximizar el valor para sus accionistas. La medida última de un alto ejecutivo es el precio actual de la acción. Los ejecutivos están atados a esa medición y por debajo de ella está la idea de que el control último de una empresa viene de la propiedad en lugar de un diálogo emergente involucrando a inversores, clientes y otros interesados. En esta visión tradicional, una empresa tiene que ser propiedad de alguien en lugar de ser dueña de sí misma. Para que una empresa prospere necesita ser capaz de ajustarse rápidamente a las demandas del mercado y servir a las necesidades individuales de los clientes. Sin embargo, el enfocarse en maximizar el valor para los accionistas, a menudo entra en conflicto con poner el foco en las necesidades de los clientes, tal y como apuntó Steve Dening en la conferencia "Agile Conference 2016" (Ver "Industry Analyst Panel"):

> "Si estás trabajando a nivel de equipo, es difícil comprender la idea de que el propósito de una empresa es maximizar el valor para los accionistas, reflejado en el precio de la acción, y que el sueldo variable de los ejecutivos está atado a ese precio de la acción. Eso conduce a incentivar la extracción de valor para los accionistas, lo que es totalmente contrario a Agile, que consiste en crear valor para los clientes. Cuando tienes una empresa que se está esforzando para obtener valor para los accionistas y los equipos en la parte más baja de la organización van en dirección contraria, tienes una fricción continua y profunda. La idea de que el propósito de una corporación es maximizar el valor de los accionistas y el valor de la acción, es una idea reciente y sólo se puso en marcha a mediados de 1980; de hecho, Jack Welch lo ha denominado como la idea más tonta, incluso cuando él mismo la practicaba". – Steve Denning

La cita de Steve describe un conflicto de valores y estructuras. El reto es convertir la "tensión continua y profunda" en una combinación de ganar-ganar. Un CEO puede decir en público que "el propósito es servir a los clientes", pero la realidad es que el comité de dirección está realmente centrado en el valor a corto plazo para los accionistas. Esto es, la tensión permanece oculta, lo que quiere decir que es más difícil abordarla. Adrian Cadbury, citando a Jack Welch, ex-CEO de General Electric, comentó recientemente sobre esa tensión (Ver Cadbury):

> "[...] 'tus principales electores son tus empleados, tus clientes y tus productos.' Maximizar el valor del accionista tiene innumerables detractores, los cuales apuntan dos premisas falsas - los directores tienen el deber legal de maximizar el valor del accionista, y que "la empresa" y "los accionistas" son lo mismo. No hay escasez de alternativas potenciales, lo que aún queda son defensores incondicionales - particularmente en el mundo financiero y contable."

Este conflicto de intereses puede ser el mayor factor que inhibe a las empresas a hacer frente a un mundo que cambia rápidamente. En el Capítulo 2 exploramos las estrategias disponibles para resolver este conflicto.

## Resumen de los retos para las empresas

El mundo VUCA crea muchos retos para las empresas. Estos retos demandan a las empresas ser más ágiles, en el sentido de ser más flexibles y adaptativas. De ahí, casi de forma natural las empresas están buscando un enfoque *Agile* (como está definido en el Manifiesto *Agile*) para aumentar esta flexibilidad y adaptabilidad. Como veremos en la segunda parte del capítulo, los marcos de trabajo ágiles son un paso, pero es algo que se atasca cuando se aplica a toda la empresa.

# 1.2 Retos al extender *Agile*

El "movimiento" *Agile* comenzó con el deseo de desarrollar software de forma más efectiva. El Manifiesto *Agile* fue un hito publicado en 2001. Con el éxito de los métodos Ágiles para el software y con el software estando presente en todos los ámbitos, *Agile* está siendo aplicado fuera del ámbito del desarrollo de software. Esta aplicación fuera de su lugar de origen tiene varias consecuencias y genera muchas preguntas.

## Dificultades para escalar *Agile*

- *Agile* comenzó con equipos únicos. Hoy en día, grandes desarrollos con múltiples equipos quieren beneficiarse del enfoque *Agile*, lo que quiere decir que *Agile* tiene que ser escalado. Incluso dentro del software o más bien en el campo de las tecnologías de la información (IT), grandes proyectos de software y programas completos están usando *Agile*. Diferentes marcos de trabajo (tales como *SAFe, LeSS, Disciplined Agile Framework, Nexus* - también llamado *Scaled Professional Scrum, Enterprise Scrum*) han sido desarrollados para el escalado de *Agile*. La mayoría de estos marcos de trabajo son muy complejos y con operativa muy prescriptiva, lo que quiere decir que no representan los principios fundamentales (ver Jacobsen y otros). Usan el conocimiento de *Scrum* y *Kanban* para un único equipo de desarrollo, mezclándolos y aplicándolos a gran escala a nivel de programa. Escalando enfoques que no están construidos como un marco de trabajo o escalando los principios ágiles no es solución para aplicar la agilidad a toda la empresa (ver Eckstein and ScaledPrinciples). Se pone el foco en escalar varios equipos, pero no se indica cómo estos equipos están integrados con el resto de la empresa en un entorno *Agile*. Por último, la naturaleza prescriptiva y el foco interno en la organización es contraria al espíritu *Agile*, lo cual es emergente y centrado externamente en entregar valor al cliente (Ver Denning.) Sin embargo, es importante ser consciente que el origen de *Agile* - el Manifesto Ágil - no limita el enfoque a únicamente un equipo.

- Y ahora que *Agile* se aplica fuera del software, se necesitan respuestas del mundo de IT a preguntas como: ¿qué significa ser *Agile*, por ejemplo, en Recursos Humanos (HR), en Marketing, en Ventas, en el departamento legal y cómo deben de estar conectados estos departamentos? O por el contrario, ¿deben las empresas disolver estos departamentos?

- Escalar *Agile* a proyectos y programas tiene un profundo efecto en la gestión de los directivos. ¿Son todavía apropiados los conceptos legales fundamentales como el control exclusivo de la corporación por los accionistas? Desde una perspectiva amplia, el control exclusivo de las corporaciones por los accionistas parece crear retos para todas las empresas, no sólo aquellas usando *Agile*. Trataremos en profundidad este asunto en el Capítulo 2.

- No hay una única forma de agilidad que aplique a todos los equipos, y ninguna de estas formas o variaciones aborda los siguientes retos relacionados con lo que significa la agilidad a lo largo de toda la empresa:

  - Estructura organizacional: ¿Debe haber una jerarquía ágil, matricial, en red o de otro tipo?

  - ¿Cómo deben funcionar de una forma ágil los presupuestos, el gobierno legal o el sistema de incentivos?

  - Foco constante en el cliente: Puede ser un asunto particularmente difícil si los accionistas están esperando un rápido retorno de la inversión.

  - Concepto: No hay una definición general de *Agile* aceptada en el contexto de aplicación a toda la empresa. ¿Significa transparencia? ¿Quiere decir hacer retrospectivas (una reunión al final de un periodo para obtener lecciones aprendidas) y aprender de ellas? ¿Significa actuar de ciertas formas como auto-organización o la supresión de los jefes? ¿Significa usar *kanban/Scrum*? Si no hay auto-organización, ¿existe *Agile*?

## Intentos de agilidad en toda la empresa

Todas estas preguntas necesitan respuesta. Hay varios intentos de responder algunas de estas preguntas:

- Por ejemplo, hay algunas empresas experimentando marcos de trabajos ágiles en departamentos de Recursos Humanos y Marketing y también aplicando Agilidad Empresarial[1] entre departamentos. (Ver también AgileHRManifesto y AgileMarketingManifesto)
- Hay empresas en las que los equipos directivos usan listas de tareas en una iteración (*Sprint backlog*) para organizarse y reuniones diarias (*Daily Scrum*) para sincronizar el trabajo. Incluso entre los ejecutivos, se usan las reuniones diarias o retrospectivas para capturar aprendizajes.
- Para interconectar diferentes equipos existe el antiguo enfoque de *"Scrum of Scrums"*, una reunión donde representantes de los distintos equipos se sincronizan en asuntos importantes para todos. La reunión demuestra el valor de la interconexión entre equipos, proyectos, programas o departamentos (si es implementada globalmente).
- Un enfoque diferente para interconectar equipos (más a menudo dentro de un proyecto o programa) es el realizar retrospectivas entre equipos. Esto es, similar al concepto de "Scrum of Scrums", una o dos personas de diferentes equipos se reúnen para reflexionar sobre los resultados, su forma de colaboración y decidir los ajustes necesarios. (ver Eckstein, Larman & Vodde)

---

[1] https://businessagility.institute/

- Hay otro enfoque que consiste en realizar el trabajo entre varios equipos basándose en la auto-organización. No hay una respuesta concreta sobre cómo llevarlo a la práctica, sino más bien la confianza en el siguiente principio del Manifiesto *Agile*: "Construir proyectos alrededor de individuos motivados, darles el entorno y el apoyo que necesitan y confiar en ellos para hacer el trabajo." Por ejemplo, uno de los marcos de trabajo llamados *LeSS* (Acrónimo de *Large Scale Scrum*) se basa en este principio para definir la organización entre diez equipos. Es decir, *LeSS* confía en que los equipos encontrarán la manera de acordar su estructura, por ejemplo, seleccionando un representante de cada equipo que decidirá sobre la estructura en una reunión. (Larman & Vodde)
- Además, existen todos los marcos de trabajo ya mencionados anteriormente para escalar *Agile* más allá de un único equipo (ver *SAFe, LeSS, Disciplined Agile* o *Nexus*).

Todavía no hay una perspectiva holística de la agilidad para toda la empresa que aborde cuál es el significado de dicha agilidad para la estructura, la estrategia o los procesos globales de la empresa. Y tampoco hay ninguna explicación acerca de qué significan para una compañía los valores ágiles como la auto-organización, transparencia, foco constante en el cliente, aprendizaje continuo o el *feedback*, de manera que ésta pueda ser ágil.

## Resumen de los retos para expandir *Agile*

Actualmente, hay muchos enfoques fragmentados al reto de aplicar el Manifiesto *Agile* a toda la empresa. Los intentos de expandir *Agile* a toda la empresa han entrado en conflicto con los valores y la estructura, el tradicional foco en el valor para el accionista frente al foco igualitario y centrado en el cliente. También, la falta de una teoría integral de la gobernanza dificulta el desarrollo de nuevos métodos de forma coherente.

# 1.3 Resumen del reto global

Mientras las empresas reconocen que están en un mundo volátil, incierto, complejo y ambiguo (VUCA), no hay conceptos generales en términos de estrategia, estructura y procesos para enfrentarse al mundo VUCA. Hay un impacto negativo en la gente, por ejemplo, los *Millennials* están frustrados porque ellos esperan estar involucrados en decisiones y ser capaces de seguir su pasión, usar todo su conocimiento y hacer lo que consideran importante. La gente se siente limitada por las descripciones de los puestos de trabajo, las cuales ignoran su potencial.

Las empresas de hoy día sirven principalmente para maximizar los beneficios de los accionistas, pero esta orientación hacia el valor del accionista entra en conflicto con la capacidad para hacer frente a los rápidos cambios de la tecnología y la sobrecarga de información.

La falta de claridad sobre cómo expandir el Manifiesto Ágil a lo largo de toda la empresa ha llevado a que se produzcan muchos intentos fragmentados e insatisfactorios.

Así que, si se mira a los retos de llevar el agilismo a toda la empresa o al reto de que las empresas lleguen a ser más ágiles, llegamos a tener problemas similares:

1. Los conceptos ya existentes no pueden ser aplicados directamente a la estrategia, estructura o procesos de la empresa en un mundo VUCA.
2. Las empresas toman las decisiones de arriba hacia abajo, pero a menudo la gente en los niveles más bajos, que están más cerca de la realidad del producto o del mercado, tienen aportaciones valiosas que son ignoradas.
3. Hay un conflicto de valores entre los intereses de los accionistas en los beneficios a corto plazo y el foco en las necesidades de los clientes.

4. Para que una empresa sea Ágil, todos los departamentos deben ser Ágiles; sin embargo, las prácticas Ágiles actuales tienen dificultades cuando son aplicadas fuera de los departamentos de ingeniería.

Este libro trata de solucionar estos problemas.

# 2. Afinando los instrumentos

En el Capítulo 1 revisamos cuáles eran los problemas que las empresas y los profesionales del mundo *Agile* se encontraban.

Somos conscientes de desarrollos históricos tales como "Investigaciones socio-técnicas" así como otros más recientes y los hemos clasificado para seleccionar los más útiles. Están pasando tantas cosas que estamos seguros que nos estamos perdiendo algunas muy interesantes, porque mientras escribimos este libro seguían apareciendo nuevas.

Después de seleccionar cuatro de los desarrollos más prometedores, miramos a los principios y valores de cada uno de ellos. Prestamos mayor atención en el Manifiesto *Agile* e interpretamos los valores para que sea más fácil su aplicación a lo largo de toda la empresa.

## 2.1 Desarrollos considerados

Hay muchos desarrollos o corrientes relacionadas con los problemas resumidos en el Capítulo 1. Durante la investigación realizada para escribir este libro analizamos de cerca una serie de desarrollos recientes:

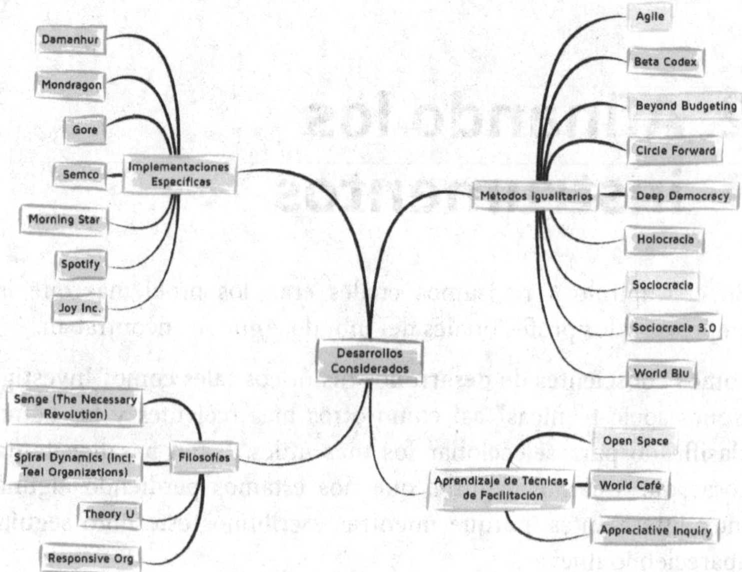


Corrientes de desarrollo consideradas

## 2.2 Herramientas de análisis

Hay muchas herramientas de diagnóstico disponibles para analizar una organización. Mantuvimos varias de ellas en nuestra mente, tales como el Modelo de Sistema Viable (*Viable System Model - VSM*) y el Modelo de Fluidez Ágil (*Agile Fluency™ Model*) (Ver *Beer* y *Agile Fluency*.)

 Un recordatorio de nuestra nota anterior: Estamos mencionando estos métodos técnicos para que seas consciente que existen y puedas investigar sobre ello si así lo deseas. El tratarlos todos sería contraproducente para el desarrollo de este libro.

Principalmente, confiamos en herramientas que se centran en lidiar con cambios complejos, tales como el modelo *Cynefin* y *Human System Dynamics*.

- *Cynefin* es un modelo de gestión del conocimiento para describir problemas, situaciones y sistemas (Ver Cynefin and Snowden). El modelo define una tipología para diferentes contextos que ayudan a encontrar una explicación y/o una solución que encaje con la situación actual. Su creador, David Snowden de IBM, desarrolló este marco de trabajo para explicar la naturaleza evolutiva de los sistemas complejos, incluyendo su inherente incertidumbre. El modelo *Cynefin* está basado en la investigación de sistemas adaptativos complejos, ciencia cognitiva, antropología, patrones narrativos y psicología evolutiva. El gran valor del modelo *Cynefin* es que si tú estás ante una situación compleja, te explica por qué no puedes seguir recetas tradicionales o hacer análisis detallado para entender la situación, por el contrario, necesitas experimentar (probar). *Cynefin* será una herramienta importante en la Parte III.

- *Human Systems Dynamics* (HSD) es una colección de modelos, métodos y herramientas para sistemas adaptativos complejos. Se basa en la indagación y tiene en cuenta la incertidumbre y la imprevisibilidad, integrando la teoría de la complejidad. Por ejemplo, permaneciendo en la indagación, uno de los modelos HSD - Acción Adaptativa - indaga (See Eoyang & Holladay): "Qué" (Para entender la situación actual), después "Entonces Qué" (Para generar conocimiento), y finalmente "Y ahora qué" (Para decidir qué hacer y evaluar los resultados del experimento). Después de que las conclusiones de "Ahora qué" hayan sido implementadas (y observado los resultados), es momento de iniciar la siguiente ronda preguntando "Qué" otra vez. En términos de entendimiento de un sistema humano, el cual es complejo, HSD indaga:

  - ¿Qué es lo que define el "Contenedor", el cual es lo que atrae a un grupo específico de gente a estar junta?

- ¿Cuáles son las diferencias de lo que sucede dentro de un "contenedor" y otro?
- ¿Cuáles son los los "Intercambios" dentro de un "Contenedor" y con otros?

Esta heurística es fractal, lo que quiere decir que se repite a sí misma en diferentes niveles de abstracción.

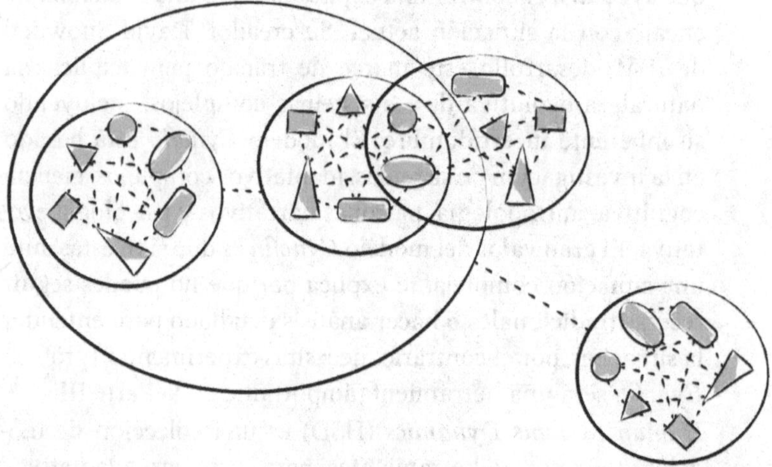

*Human Systems Dynamics*: Contenedores, Diferencias e Interacciones

Al revisar cada una de las corrientes que se han listado, hemos examinado el éxito que cada una de las corrientes tendrá para abordar los retos mostrados en el Capítulo 1 y su practicidad, sin ser muy restrictivos (lo que quiere decir, manteniendo la simplicidad y pragmatismo). Todas las corrientes son en parte una solución lista para ser usada, algunas más que otras. Dimos especial importancia a las soluciones que pueden incorporar diversos conocimientos de una forma práctica.

## 2.3 Considerados pero no usados

Revisamos muchas corrientes y decidimos no ir con aquellas que son especificas de una empresa como *Gore, Spotify* o *Morning Star*.

Puedes usarlas como referencia, pero hazlo con cautela porque son aplicables a un contexto muy específico. También evitamos filosofías como *Senge* (Aprendizaje Organizacional), "Teoría U" y *Responsive Org*, las cuales representan grandes ideas, pero no proporcionan algo concreto (Ver Senge et.al, Scharmer, y Responsive). Inicialmente incluimos Semco en esta categoría, pero descubrimos que Semco había lanzado el *Semco Style Institute*. Descubrimos que el Instituto ofrece variaciones de *Open Space* y *Beyond Budgeting*. Semco es uno de los ejemplos de muchas corrientes que están surgiendo y es difícil mantenerse al día.

### Perspectiva de Anders Ivarsson, Spotify

*Spotify* ha sido bien conocida por nuestra manera de trabajar y especialmente por nuestra forma de estructurar a los equipos de desarrollo de producto, comúnmente conocido como "Modelo Spotify". Aunque nunca se pretendió que fuera un modelo o algo similar, otros intentaron copiar o emular. Casi ha cobrado vida por si sólo, y ahora hay cientos de empresas pidiendo implantar el Modelo Spotify, o al menos copiar grandes partes de él.

Cuando escribimos el documento original sobre el escalado de *Agile* en *Spotify* y publicaciones posteriores (por ejemplo, los vídeos sobre nuestra cultura en ingeniería) tratamos muchos temas: técnicos, procesos, cultura, valores, etc. Sin embargo, lo único que la gente parece recordar y, sin duda, lo más copiado es la estructura de los equipos: *squads*, tribus, *chapters* y *guilds*.

Hay mucho valor en esta separación entre la entrega (*squads* y tribus) y el conocimiento (*chapters* y *guilds*); hemos escuchado de muchas empresas que sólo han introducido este cambio y ha sido muy beneficioso para ellas. Pero muchas otras empresas están sufriendo con estos cambios o no están viendo grandes beneficios al hacerlos.

Creo que es interesante entender por qué sucede esto, por qué un simple cambio en la estructura del equipo puede tener un gran impacto en algunas empresas, mientras otras sufren incluso para llegar allí y no digamos para obtener algún beneficio de ello.

Lo que veo en *Spotify* es que muchos aspectos de nuestro producto y espacio de trabajo están bien alineados y se realimentan el uno del otro.

- Tenemos una cultura de alta confianza y tolerancia al error que fácilmente permite la autonomía de los equipos.
- Tenemos un producto que es posible dividir en partes separadas, permitiendo a los equipos de producto trabajar en diferentes prioridades y a diferentes cadencias.
- Tenemos una plataforma técnica de micro-servicios y código bastante modularizado, permitiendo a los equipos trabajar en construir, lanzar, mantener y operar su parte del producto sin requerir mucha sincronización con otros equipos.
- Seguimos evolucionando y experimentando con la mejor manera de establecer las prioridades de toda la empresa, con el objetivo de encontrar un buen balance entre trabajar juntos en objetivos compartidos y obtener innovación y velocidad de abajo hacia arriba.
- Incluso nuestro espacio de trabajo físico ha reflejado nuestro foco en el trabajo en equipo en la misma ubicación.

El punto clave aquí es que la estructura del equipo por sí misma no es una bala de plata (nunca lo es), más bien la estructura del equipo funciona bien porque está bien alineada con nuestra cultura, la arquitectura técnica y la plataforma, nuestro producto e incluso nuestro espacio de trabajo.

Cuando tú sólo tomas una parte de esto y lo aplicas a otro contexto podrías ver mucha más fricción. Si tu organización está lidiando con un código base grande y complejo para todo el producto, será difícil dar a los equipos completa autonomía. Si estás trabajando en más productos que equipos tienes, el dar a cada equipo una misión clara será complicado. Si operas en un sector altamente regulado con estrictas exigencias de responsabilidad y seguimiento de las decisiones, puede ser complicado conseguir una cultura tolerante al fallo y un equipo con total autonomía. Si únicamente trabajas con un *stack* tecnológico (por ejemplo, sólo desarrollo web) puede no tener sentido el dividir en distintos *chapters* y *guilds*.

A veces, también vemos este efecto dentro de Spotify, al menos en cosas pequeñas. Estuve de *coach* con un equipo que trabajaba en una nueva área y el equipo creció rápidamente hasta el punto de ser necesario dividirlo en varios equipos. Después de alguna discusión hicimos una división vertical en tres equipos en la que cada equipo era dueño de un área. Desde la perspectiva de la misión, los nuevos equipos eran razonablemente autónomos, podían tomar decisiones de producto y experiencia de usuario (UX) sin estar involucrando constantemente al resto de equipos y podían trabajar en prioridades separadas. Sin embargo, el *backend* no había sido construido por equipos separados y no había sido modularizado lo suficiente, lo que causó que tres equipos tuvieran que trabajar sobre el mismo sistema, a menudo chocando entre sí, y necesitando de mucha coordinación por parte de los ingenieros que estaban trabajando sobre el mismo código. Después de un esfuerzo de refactorización, que dividió el sistema en servicios más pequeños que podían ser trabajados independientemente y en propiedad de cada uno de los nuevos equipos, fueron capaces de moverse mucho más rápido y, de hecho, beneficiarse de su nueva misión y autonomía.

Así como Spotify ha trabajado duro para hacer que todos los aspectos del desarrollo de producto se alineen bien y funcionen juntos, Jutta y John en este libro exploran métodos y procesos que funcionarán muy bien para toda la empresa.

> Combinando estos métodos, que cubren distintas formas de llevar una empresa de una forma más ágil y moderna, han visto que estos, juntos, pueden aportar más que cada uno de ellos por separado, específicamente porque están alineados y funcionan bien conjuntamente, en lugar de causar fricción y estar enfrentados.

Hemos revisado mucho el modelo *Spiral Dynamics* (naranja, verde, organizaciones Teal, etc) popularizado por el libro "Reinventando Organizaciones", de Frederic Laloux. Al final, hemos decidido no explorarlo en profundidad porque es más un conjunto de categorías que herramientas pragmáticas del día a día.

Hemos buscado métodos originales donde hay literatura escrita por mucha gente. Por esto, elegimos Sociocracia sobre *Circle Forward*, Holocracía y Sociocracia 3.0 (ver *Circle Forward, Robertson and Sociocracy3.0*). También elegimos *Beyond Budgeting* en lugar de *Beta Codex* por las mismas razones (ver *Beta Codex*).

Revisamos la historia de diferentes enfoques de gestión, comenzando con Mary Parker Follett en 1920 y los experimentos de Hawthorne en 1930 (Follett y Emery & Trist) que derribó la visión mecánica de la gestión de Taylor y comenzó una corriente que comprende el entendimiento del papel de la gente y la tecnología en la gestión. A veces son referidos como sistemas socio-técnicos y son métodos que tienden a ser orientados al largo plazo. Tienen una visión organizacional holística y consideran tanto la perspectiva técnica como la humana/social. Una de las ideas clave fue que los grupos semi-autónomos y autodeterminados que trabajan juntos de una forma auto-organizada en una tarea mayor son más exitosos que el dividir esa tarea de antemano y asignar taras pequeñas a cada individuo. En este libro no nos centramos en métodos socio-técnicos como tal porque creemos que esta corriente organizacional, aunque es popular para algunos bajo el termino "socio-técnica", se ha incluido en gran medida en otras prácticas más recientes que mencionamos.

También hemos preferido corrientes que han sido aplicadas de forma general. Por ejemplo, somos conscientes que algunas empresas están intentando usar *Open space* a lo largo de toda la empresa, sin embargo, no somos conscientes de nadie que esté intentando usar técnicas de facilitación como *World Cafe* or *Appreciative Inquiry* (Indagación apreciativa) como método para organizar su empresa y por tanto no los hemos incluido (ver Brown and Cooperrider).

*Deep Democracy* es un nombre acuñado en África del Sur (Ver Deep Democracy) durante la transición del apartheid a la democracia. Como más tarde fue desarrollado por el psicólogo Arnold Mindell, se centra en nuestra voz, estados de consciencia y enfoques de realidad para crear un diálogo en el que todas las voces importen. Su uso primario parece ser el ayudar a grupos a resolver conflictos enquistados. Otros métodos de resolución de conflictos son *Restorative Circles*, Comunicación no Violenta y meditación (ver Restorative Circles and Rosenberg). Si bien creemos que hay mucho valor en estos métodos de pensamiento colectivo, no ofrecen una guía sobre como estructurar o llevar el día a día. No somos conscientes que alguien esté intentando llevar una empresa con estos métodos.

También hemos estudiado *World Blu* (ver World Blu). Traci Fenton ha hecho un maravilloso trabajo empírico documentando prácticas de gestión participativas y las empresas que aplican para la certificación *World Blu* parecen que en el fondo funcionan bien. Es posible que, como lector, quieras estudiarlo más por su cuenta. Sin embargo, hemos decidido no explorarlo en profundidad porque no articula recomendaciones específicas para combinar sistemas complejos y complicados y no proporciona ninguna teoría relacionada con las jerarquías de poder, por ejemplo, no parece recomendar estructuras legales que respalden los principios de *World Blu*. Tampoco añade nada para los problemas articulados en el Capítulo 1.

Finalmente, otra corriente que merece la pena mencionar son las cooperativas (*co-ops*). *Mondragon*, creada en España, en el País Vasco, ha tenido notable éxito en la reducción de la desigualdad de ingresos articulando un enfoque cooperativo a la empresa. Ha exportado el modelo de forma exitosa a varias partes del mundo. De nuevo, el lector puede querer familiarizarse por si mismo con la oferta del modelo *Mondragon*, particularmente con los cursos para gestores de cooperativas disponibles por internet en la Universidad Mondragon. Decidimos no incluir este modelo porque limita las posibilidades de la participación de capital riesgo en las empresas, lo que hace que se evite el problema, en lugar de resolver el reto de los conflictos de intereses mencionados en el Capítulo 1.

## 2.4 Movimientos convergentes

Después de completar nuestra investigación, decidimos usar *Agile* como base para solucionar sus propios retos porque había tenido una espectacular aceptación en la industria desde hace más de una década. Por otro lado, los valores definidos en el Manifiesto *Agile* parecen abordar los retos actuales de las empresas, los cuales ya hemos explicado en el Capítulo 1.

Sin embargo, también estaba claro que los valores del Manifiesto necesitaban ser traducidos para abordar estos retos que afectan a toda la empresa. Para elaborar estos valores, decidimos incorporar otras tres corrientes para mejorar el diseño organizacional, incluyendo:

- *Beyond Budgeting* (Más allá del Presupuesto)
- *Open Space*
- Sociocracia

También usamos otras corrientes, pero de forma más limitada, como son *Lean Startup* y *Design Thinking*.

No somos profundos expertos en todas las corrientes listadas al principio de este capítulo. Sin embargo, preparando este libro hicimos una amplia investigación para ver lo que había ahí fuera para estar seguros de que nuestra elección tenía sentido. Concluimos que una unión de *Agile*, Sociocracia, *Beyond Budgeting* y *Open Space* es la solución integradora y pragmática más prometedora. Estas cuatro corrientes ofrecen la estrategia necesaria para crear una "teoría general" de la agilidad para las operaciones de toda la empresa (e incluso eventualmente para la sociedad).

Estas corrientes ofrecen enfoques de valor para los retos presentados en el Capítulo 1. Tienen valores y principios similares entre ellos. Aun así, unos se complementan a otros apoyando la agilidad en toda la empresa desde perspectivas diferentes.

Ahora haremos un resumen de estas cuatro corrientes y proporcionaremos más detalles en los capítulos posteriores. Por favor, ten paciencia con nosotros mientras te guiamos a través de este bosque espeso ;-).

## *Beyond Budgeting* ("Más Allá del Presupuesto")

*Beyond Budgeting* no fue tanto creado, sino que fue descubierto por una red mundial de CFOs (*Chief Financial Officers*), quienes colaboraron y extrajeron los valores y principios que soportan los conceptos de *Beyond Budgeting*. Observaron lo que hace exitosas a las empresas desde un punto de vista financiero y de recursos humanos. La implementación más temprana de *Beyond Budgeting* fue en el banco Sueco Handelsbanken a finales de 1970, al mismo tiempo que se estaba desarrollando la Sociocracia. De aquellos trabajos iniciales surgió una red llamada *Beyond Budgeting Institute* (Ver BBRT) y a partir de ahí surgieron varios libros relacionados con *Beyond Budgeting* (ver Hope y Bogsnes).

El término *Beyond Budgeting* no se refiere a actividades presupuestarias únicamente. La elaboración de presupuestos es una herramienta muy habitual usada en entornos de gestión tradicionales de mando y control. El modelo va más allá del método de gestión tradicional. La principal diferencia son los valores de empoderamiento y adaptación sobre el mando y el control. La transición está apoyada por los principios del estilo de liderazgo. El objetivo principal está en entender la diferencia entre objetivos fijos y relativos. Este objetivo no es prescriptivo y, como Sociocracia y *Agile*, intenta dejar abiertas muchas posibilidades para aplicar los principios, en este caso los principios de empoderamiento y adaptación.

Por ejemplo, en la gestión de mando y control, los objetivos fijos se refieren a proyectos con un presupuesto limitado y objetivos fijos que determinan el rendimiento de los empleados. En ambos casos el objetivo fijo no es significativo porque, si tenemos un presupuesto fijo y descubrimos que el mercado ha cambiado y necesitamos más dinero para tener éxito, no podremos hacer mucho porque todo lo que tenemos es un presupuesto fijo. Y, si el mercado necesita menos dinero, normalmente gastamos la cantidad asignada por temor a no conseguir presupuesto para nuestro próximo proyecto.

Por ejemplo, en términos de objetivos para los empleados, imagina a una persona de ventas con un objetivo fijo de ventas de 100 unidades de un producto. Si la persona vende 80 y su competidor ha vendido 120, el vendedor no lo ha hecho muy bien. Sin embargo, si sus ventas son de 80 y su competidor vende 50, entonces el vendedor lo ha hecho bien. O, si en noviembre veo que no voy a conseguir mi objetivo de venta de 100 unidades, pospondré las ventas hasta el año que viene para el objetivo del próximo año. Y viceversa, si he conseguido mi objetivo de 100 unidades este año, pospondré las ventas para ayudar a conseguir el objetivo del año que viene.

Los CFOs que inventaron *Beyond Budgeting* descubrieron que el establecer objetivos fijos, ya sea para proyectos o para individuos, es malo para la empresa, porque no permite adaptación o foco en necesidades desarrolladas recientemente. Los doce principios de *Beyond Budgeting* están derivados de esta observación y aseguran que pueda darse la adaptación (ver el Apéndice con un resumen de los principios). Por ejemplo:

- Clientes: "Conecta el trabajo de todo el mundo con las necesidades de los clientes". Es una petición clara para establecer un enfoque centrado en el cliente en toda la empresa.
- Transparencia: Este principio nos pide "hacer que la información esté abierta a la autorregulación, innovación, aprendizaje y control porque sólo la gente informada puede tomar decisiones adecuadas". El título de este principio ya exige transparencia.
- Autonomía: Es similar a la creencia *Agile* acerca de que la micro gestión no llevará a buenos resultados: "Confíe en las personas con libertad para actuar".
- Ritmo: Es una petición para "organizar los procesos de gestión dinámicamente con el ritmo y los eventos del negocio y no únicamente alrededor de un calendario anual". Aprende de lo que está sucediendo en la empresa y alrededor de ella, ten en cuenta ese aprendizaje y haz las adaptaciones oportunas.

El enfoque de *Beyond Budgeting* aborda la agilidad para toda la empresa desde los clásicos departamentos de finanzas y recursos humanos y muestra cómo estos departamentos pueden inhibir o apoyar la agilidad mediante sus políticas. Aborda las funciones de soporte tradicionales de la empresa.

## Perspectiva de Bjarte Bogsnes, Equinor (antigua Statoil)

*Beyond Budgeting* es un gran y potente modelo de gestión con un nombre un tanto engañoso. En realidad, no se trata de deshacerse de los presupuestos. Ésta es sólo una de muchas consecuencias de cambiar radicalmente la gestión tradicional, pasando del modelo de mando y control al modelo de empoderar y adaptar. Está relacionado con tomarse en serio la realidad de nuestro entorno empresarial y de las personas de nuestras organizaciones. Consiste también en crear coherencia entre lo que predica la organización y lo que realmente hace. No ayuda el tener una visión de liderazgo basado en la Teoría Y cuando los procesos de la empresa son de Teoría X (presupuestos tradicionales son un clásico ejemplo), creando un abismo venenoso entre lo que se dice y lo que se hace. Hay muchos conceptos excelentes para abordar los procesos de gestión o de liderazgo, pero muy pocos abordan ambos y de forma global como lo hace *Beyond Budgeting*.

Mucha gente en la comunidad *Agile* ha entendido que *Beyond Budgeting* es sobre la agilidad empresarial. Puede ser una forma efectiva de escalar la agilidad, lo cual es difícil, a menudo imposible, cuando se confía exactamente en los mismos marcos y lenguajes que funcionaron tan bien para transformar radicalmente el desarrollo de software. La mayoría de ejecutivos y jefes no están familiarizados o no entienden *Agile* (y la mayoría no juegan al rugby), así que ¡No te sorprendas si creen que Scrum es un tipo de enfermedad de la piel! *Beyond Budgeting* ofrece algo con lo que los ejecutivos pueden identificarse, incluso si no están de acuerdo.

Aquí radica también la razón por la que la adopción de *Beyond Budgeting* ha sido más lenta que la de *Agile* (o Lean). Más allá de su enfoque amplio para abordar los procesos de gestión y liderazgo, el modelo también va directo a las creencias y privilegios de muchos ejecutivos, algo que *Agile* y Lean no hizo para el desarrollo de software y la manufactura. Los ejecutivos sólo vieron proyectos más rápidos y costes más bajos. Nada amenazante ni aterrador, a diferencia de cómo se ha visto a *Beyond Budgeting* desde el primer día.

Mi viaje propio de *Beyond Budgeting*, tal y como se describe en mi libro *Implementing Beyond Budgeting*, comenzó hace más de veinte años. Tuve suerte de trabajar para un CFO y un CEO que eran personas sabias y valientes. Cuando propusimos un sistema de gestión con más autonomía (y sin presupuestos), la respuesta fue de curiosidad y ánimo en lugar de miedo y negatividad. Fue un gran salto de fe para todos nosotros. No había nada llamado *Beyond Budgeting* en 1995. La empresa Borealis y el modelo que implementamos llegó a ser uno de los casos que años más tarde inspiró lo que se conoce como *Beyond Bugeting*. La mayor fuente de inspiración de este movimiento fue, por supuesto, el banco sueco Handelsbanken, una empresa de la que no habíamos oído nada en 1995. En esa época "buscar" significaba ir a la biblioteca y llamar a gente. Nuestros primeros años fueron "no orientados al presupuesto" y la parte del liderazgo fue en aumento conforme avanzaba el tiempo. Cuando cambié del área de finanzas a RRHH en 1998, todo encajó para mi.

Mi viaje con *Beyond Budgeting* continuó en 2002 cuando volví a Statoil (ahora llamada Equinor), el gigante energético Noruego. De nuevo, tuve la suerte de tener a un jefe sabio y valiente. No es coincidencia que Eldar Sætre sea el actual CEO de Equinor.

Tome la decisión de saltar en 2005 y desde entonces he trabajado a tiempo completo en implementaciones, y todavía lo hago. La gente a menudo pregunta cuánto tiempo lleva y si ya hemos "terminado". No, no hemos terminado y quizás nunca terminaremos. Esto no es un proyecto. Es un viaje donde todos nos volvemos más valientes en el camino. Hoy estamos teniendo discusiones que hubieran sido muy difícil tenerlas en 2005, algunas incluso imposibles.

Continuamente hemos profundizado y ampliado el modelo Equinor, al que llamamos "Ambición a la acción". Esto incluye un enlace cercano y coherente a los procesos de recursos humanos, deshacernos del calendario anual cuando sea posible y cuando tenga sentido, implementar pronósticos dinámicos (en lugar de continuos), así como integrar la gestión de riesgos. Una discusión fascinante que está surgiendo en este momento es sobre los objetivos. ¿Podemos estar sin la mayoría de ellos? ¿Por qué necesitamos establecer un objetivo simplemente porque lo medimos? ¡Hay otras y mejores maneras de establecer la dirección y evaluar el rendimiento!

¿Dónde está *Beyond Budgeting* hoy, después de casi veinte años desde que se inició el movimiento? La respuesta corta: En un lugar muy distinto y mucho mejor. El interés es de récord en los negocios, en el ámbito académico y en la consultoría. Cada vez más empresas lo están implementando. El *Beyond Budgeting Institute* tiene socios en varios países y la comunidad es más grande y fuerte que nunca.

Como se describe en este libro, hay un buen número de conceptos y comunidades ahí fuera. Podemos venir de distintos lugares y hablar distintos lenguajes, pero todos estamos luchando contra el mismo enemigo. Cuantas más fuerzas unamos, más fuertes seremos. No me importa cómo terminemos llamándolo. En algún punto no muy lejano, sonreiremos viendo que la gestión tradicional era la corriente principal, como hoy sonreímos pensando sobre los tiempos anteriores a internet. ¡No hace tanto tiempo!.

# Open Space

El término oficial es *Open Space Technology*; sin embargo, usaremos el termino popular *Open Space*. Fue descubierto por Harrison Owen, quien organizó excelentes conferencias y observó que la gente disfrutaba más en los descansos (ver Owen). Durante los descansos los participantes tenían tiempo para hacer *networking*, hablar de temas que les interesaban todo el tiempo que quisieran y con quien quisieran. A partir de esa idea Owen desarrolló los siguientes principios de *Open Space* (Para una visión completa de los principios ver Apéndice):

- *Cualquier persona que viene es la adecuada*: En una conversación durante un descanso nadie piensa en esperar a una persona específica antes de empezar a hablar. Lo mismo es cierto para una sesión de *Open Space*.

- *Cualquier lugar es el adecuado*: Las conversaciones en un descanso tienen lugar en cualquier lugar de la misma forma que una sesión de *Open Space*.
- *Cualquier momento para empezar es el adecuado*: No hay necesidad de esperar a un momento concreto, en los descansos la gente habla entre sí sin mirar el reloj para ver si es el momento adecuado para empezar.
- *Cualquier cosa que suceda es la única cosa que podía suceder, ¡Estate preparado para ser sorprendido!*: Como sucede en un descanso, la gente no sigue una agenda concreta, simplemente se deja llevar.
- *Se termina cuando se termina (dentro de esa sesión)*: Es un principio análogo al primero, queriendo decir que cuando la gente siente que ha terminado con un tema cambia a otro distinto.

Como Michael Herman, fundador de OpenSpaceWorld.org[1], comenta, "estos principios no son prescriptivos, son el resultado de cientos de pequeños experimentos. Son descripciones de cómo funciona casi cualquier cosa... cuando realmente funciona". (Ver Herman)

Basándose en estos principios, *Open Space* soporta los siguientes valores:

- La auto-organización es el corazón del *Open Space*. Cualquier cosa puede suceder. Los participantes son invitados a identificar y abordar todos los asuntos que vean críticos aportando la solución que se necesite. Empresas como *Valve* usan exactamente esta idea para definir y entregar productos. Cada empleado puede sugerir la idea de un producto (o servicio) y siempre y cuando otra gente se una (se llama asignación

---

[1] http://openspaceworld.org/

abierta), esta idea será estudiada. En otras palabras, incluso el entregar valor al cliente está basado en la auto-organización.

- De cada participante en un *Open Space* se espera pasión y responsabilidad. Que cada uno vaya con su propia pasión significa que en el momento en que un participante reconozca que no está contribuyendo o aprendiendo, él puede ir a otro lugar a aprender o contribuir (esto es conocido como la ley de la movilidad, originalmente denominado como la ley de los dos pies).

- El empoderamiento es necesario porque nunca sabrás de antemano en qué se centrará la gente o quién trabajará en qué durante cuánto tiempo. Los líderes necesitan ser conscientes de que no saben todo y que pueden confiar en otros miembros de la organización para cubrir las carencias y ganar nuevos puntos de vista. De esta forma, pueden darse cuenta y reconocer que todo el mundo, incluso ellos mismos, les importan y quieren cambiar la situación a mejor. Parafraseando otra vez a Herman, "Sólo hay un sentido común: deja que la gente que mejor conoce el trabajo use lo que sabe para maximizar la satisfacción de todo el mundo involucrado". Por lo general, la confianza se genera cuando todo el mundo experimenta el proceso.

Estos valores soportan los principios tal y como Michael Herman dice, "*Cualquier persona que viene es la adecuada* reconoce que sólo la gente cualificada o capaz de hacer un gran trabajo son aquellos a los que realmente les importa y eligen libremente estar involucrados. *Cualquier momento para empezar es el adecuado* reconoce que la creatividad no tiene horarios, así que mientras estemos aquí, estaremos atentos a las buenas ideas y diferentes puntos de vista que pueden suceder en cualquier momento. *Cualquier cosa que suceda es la única cosa que podía suceder* permite que todo el mundo se olvide de lo que podría pasar, lo que habría pasado y lo que debe pasar, de modo que podemos prestar toda nuestra atención a la realidad de lo que está sucediendo, lo que está funcionando y es posible ahora mismo. Y finalmente, *Se termina cuando se termina* reconoce que nunca sabes cuánto tiempo llevará resolver un problema determinado, y nos recuerda que terminar el trabajo es más importante que cumplir una planificación arbitraria. En conjunto, estos principios dicen 'trabaja duro, presta atención, pero ¡Estate preparado para ser sorprendido!'". Y no olvides, *Cualquier lugar es el adecuado* asegura que cualquier lugar puede ayudar al trabajo del grupo.

Los principios de *Open Space* reflejan el núcleo del movimiento *Open Source*, por ejemplo, el desarrollo del sistema Linux. Durante bastante tiempo hubo discusiones sobre cómo el enfoque *Open Source* podía ser transferido del voluntariado a la industria. Hoy en día, hay buenas experiencias estructurando una empresa alrededor de esos principios (ver por ejemplo, GitHub, Valve y Whitehurst con *Open Organization*).

*Open Space* apoya a *Agile*, Sociocracia y *Beyond Budgeting* dando instrucciones simples y claras para promover que la auto-organización emerja. Puede ser usada puramente como una técnica de facilitación en grandes reuniones y sus principios también pueden ser aplicados en grupos pequeños en una gran variedad de circunstancias para ayudarnos a salir de costumbres e incluso rutinas con las que estamos familiarizados. Los principios de *Open Space* pueden actuar como un tipo de catalizador, acelerando los ritmos de *Agile*, Sociocracia y *Beyond Budgeting*.

### Perspectiva de Michael Herman, Michael Herman Associates

Aprendí sobre el desarrollo de software ágil en 2002, cuando Chet Hendrickson, Ann Anderson y los pioneros de *Object Mentor* me pidieron facilitar una sesión de *Open Space* para la conferencia *Agile/XP Universe* en Chicago. Mientras me explicaban *Agile*, les solté: "¡Estáis haciendo software con *Open Space!*"

Tanto en *Agile* como en *Open Space* se invita activamente a la gente a poner todos los temas y oportunidades más importantes, funcionalidades y tareas, y todo lo que sea en la pared. Después, de forma iterativa, se tratan los temas en grupos auto-organizados (más o menos autónomos). Estos enfoques funcionan en organizaciones que de otro modo serían jerárquicas porque invitan y apoyan el intercambio: los jefes ceden control a cambio de participación activa, los trabajadores ofrecen más transparencia (exposición) a cambio de autonomía.

En un *Open Space* es posible caminar en círculos concéntricos de cientos de personas sin una agenda establecida de antemano, porque la invitación establece un propósito claro - un atractor, en términos de sistemas adaptativos complejos - en el centro del sistema de trabajo. La invitación permite a los jefes alejarse del control, habiendo dado prioridad y dirección al trabajo. Al mismo tiempo, llama a todo el mundo a aprender y contribuir tanto como les sea posible hacia un propósito común y más grande.

Hace unos años, los jefes responsables de una unidad logística de distribución de gasolina de 900 personas invitaron a un *Open Space* a más de cien compañeros de distintas áreas y niveles con este simple email:

> *Las palmas de tus manos están sudando, todo parece más y más complejo. Te piden que hagas más con menos y no puedes ver la luz al final del túnel. Sientes que el caos se está apoderando de ti... ¿Te suena esto familiar?*
>
> *Un enfoque más adaptativo, a diferencia del enfoque actual puramente operacional, debe surgir desde dentro [de la división] para permitir un aumento del rendimiento sostenible y que nos mantengamos al borde del caos, este punto óptimo para el cambio productivo, donde el orden y el desorden fluyen con la disciplina.*

*Por favor, te invitamos a que te unas para que
investiguemos juntos cómo será ese punto óptimo
y sentirlo en [lugar/hotel] durante los días ...*

Este lenguaje surgió de un libro sobre "retos adaptativos". No eran asuntos grandes y complejos, eran preguntas que nunca antes te habías planteado, cambios esenciales que debían ser resueltos por primera vez. Después de un año de estudio y discusión, los jefes habían debatido el futuro de la unidad con una lista de 12 o 15 retos. Ahora estaban listos para invitar al resto de la organización para intentar resolverlos.

La noche antes del comienzo del programa, debatimos seriamente si la lista de retos adaptativos elaborada por los jefes tenía que ser anunciada al inicio. Yo estaba en contra de ello pero finalmente el resto estuvo de acuerdo. Tan pronto como se creó la agenda y comenzaron las sesiones, los jefes sacaron su lista de retos para verificar el trabajo del grupo. Efectivamente, para su asombro y alivio, todos los "retos adaptativos" estaban detallados allí, en las docenas de temas pegados en la pared.

Al día siguiente, en nuestra reunión de seguimiento llamada *Morning News*, había un gran enfado. Había un sentimiento creciente de duda y frustración. Una persona dijo algo como esto: "Creo que estamos fallando. He hablado con otras personas y ninguna de estas cosas (de la pared) hace que nos suden las manos o nos quita el sueño por la noche. ¡Creo que no estamos haciendo lo que vinimos a hacer aquí!" Muchos estuvieron de acuerdo pero no supieron qué hacer.

Después de una hora de difícil conversación en el gran círculo, el grupo entendió que ellos abordaron exactamente todo lo que los jefes deseaban e imaginaban que la organización necesitaba para seguir adelante. Lo que los jefes veían como los más grandes retos estratégicos y amenazas, todo el mundo lo veía como "las cosas en las que trabajamos para resolver los problemas de cada día".

> Al final de la reunión, los asuntos más importantes (para los jefes y para el resto de la gente cambiaron) fueron identificados, discutidos, documentados y en la mañana del tercer día fueron priorizados por votación de todo el grupo. Este equipo auto-organizado de más de 100 personas generó un *backlog* priorizado que todo el mundo entendió y que estaba listo para ser trabajado conjuntamente.

## Sociocracia

Sociocracia fue desarrollada en gran medida por los esfuerzos de Gerard Endenburg de encontrar un enfoque de ingeniería para hacer las compañías más gestionables (see Endenburg and Buck and Villines). Él derivó cuatro principios cibernéticos (cibernética = ciencia de la regulación y comunicación) (Para una revisión completa de los principios ver Apéndice):

- Círculos,
- Doble-enlace,
- Toma de decisiones mediante consentimiento,
- Elección de personas para roles y tareas mediante consentimiento.

Su intención era describir un método genérico basado en principios de ingeniería y no ser estorbado por un sistema de valores o una filosofía particular. Por ejemplo, un martillo es una herramienta genérica, cualquier persona u organización puede usarla. Sin embargo, Sociocracia tiene un contexto. Gerard estudió en una escuela religiosa de los Amigos Cuáqueros que reforzó los valores igualitarios de sus padres, los cuales fundaron la empresa de ingeniería eléctrica Endenburg Elektrotechniek como un laboratorio para probar nuevas ideas de gestión. Los principios de Sociocracia tienen el efecto de empoderar a los individuos en la empresa, incluyendo a todos los *stakeholders*: desde los accionistas, a la comunidad local y al entorno físico. Todo el mundo está empoderado.

1. Los **Círculos** existen porque sus participantes tienen una aspiración común. La aspiración es un producto o servicio que el cliente entiende y por el que es atraído. Por lo tanto, un círculo pronto dejará de existir si no hay foco en el cliente, porque no habrá razón para la existencia del círculo. Un círculo es un conjunto de gente que está trabajando en el sistema que entrega valor al cliente (producto y/o servicio). Ellos toman decisiones en cuanto a las políticas que guían las operaciones del día a día y se reúnen en las tradicionales reuniones operativas para coordinar esas operaciones.

   Los círculos son tratados como organismos. Como tales, deben desarrollarse continuamente, independientemente de si hay presión o estrés. Desarrollo significa aprender, enseñar e investigar en relación a la aspiración del círculo. Cada círculo es responsable de planificar su propio desarrollo, así como el de cada uno de sus miembros. Al enfatizar el desarrollo individual y del círculo, el círculo sociocrático ayuda a sus miembros a aprender cómo aprender de la complejidad (ver Drago-Severson y otros).

2. El **Doble-enlace** conecta los círculos. Sociocracia significa gobernar para los "socios" o "compañeros". En contraste, democracia es gobernar para la masa general de personas. Es decir, Sociocracia es un subconjunto del concepto de democracia, es la democracia que funciona en las empresas. ¿Te has preguntado alguna vez por qué no puedes votar por tu supervisor en tu empresa pero si puedes votar por los políticos tales como un alcalde o un legislador? Si no puedes votar por tu líder, no estás en una estructura democrática. El concepto de "doble-enlace" de Sociocracia resuelve este dilema. El doble-enlace significa que cada círculo elije a un representante (alguien que no sea el jefe) para sentarse en

el círculo inmediatamente superior y participar por completo en las decisiones sobre las políticas de ese círculo. El Doble-enlace es una forma de incorporar el *feedback* en la estructura organizacional. Un punto crítico es que es un *feedback* que no se puede ignorar debido al principio del consentimiento que se detalla a continuación. El doble-enlace llega hasta el comité directivo, lo que significa que un representante de los trabajadores se sienta en el comité con poder total para participar en las decisiones a tomar.

3. **Toma de decisiones mediante consentimiento:** En una reunión del círculo todos los participantes deben tener igual poder, de forma que se pueda obtener *feedback* y éste sea riguroso. La toma de decisiones por gente que tiene el mismo poder y jerarquía es todo un reto. No puede haber un líder superior que resuelva los diferentes puntos de vista. No podemos esperar un acuerdo porque todos tenemos diferentes perspectivas y lo que es adecuado para una persona no es "lógico" para otra. La Sociocracia resuelve este problema a través del concepto de toma de decisiones por consentimiento. Una decisión consentida no es aquella a la que te unes o estás de acuerdo con ella, sino aquella que puedes aceptar (o tolerar). Tú consientes si no tienes una objeción razonada y fundamental para una propuesta. Todos los elementos de cualquier sistema deben ser capaces de "vivir con" dicha decisión (funcionar de alguna manera) o el sistema no funcionará. Por ejemplo, un neumático de un coche puede retirar su consentimiento si la decisión implica que se va a pinchar. La toma de decisiones por consentimiento sociocrático ocurre sólo en las reuniones del círculo y sigue un proceso recomendado que ha sido probado de forma efectiva con el tiempo.

Notar que mientras "consentimiento" puede sonar "casi como consenso", en realidad es bastante diferente. Por ejemplo, nunca puedes alcanzar una decisión de consenso con los neumáticos de tu coche. Se es incapaz de acordar algo. Sin embargo, como un elemento del sistema, se puede retirar su consentimiento. Por consenso, la pregunta típica es si todo el mundo está a favor de la decisión, mientras que para el consentimiento la pregunta es si todo el mundo "es capaz y está dispuesto a ejecutar la decisión", esto no necesariamente implica estar a favor aunque se acepte la decisión (tambien conocido como "no tener una objeción razonada y fundamental").

4. La **elección de personas para roles y tareas mediante consentimiento** es un corolario del principio de consentimiento. En el principio de "Doble-enlace" se comentó que el representante seleccionado participa completamente en el proceso de elegir a quien supervisa o gestiona un círculo. El proceso recomendado es pedir consentimiento a un candidato cuyo nombre emerge de una forma auto-organizada del círculo. No se confía en el voto mayoritario. Normalmente el proceso de selección no termina con un sentimiento de victoria o de pérdida sino como una satisfacción de "haber hecho de forma conjunta la elección". El proceso es usado para seleccionar a la gente para los principales roles y responsabilidades.

La Sociocracia nos pide pensar en formas prácticas sobre cuestiones fundamentales tales como: "¿Los estatutos de la empresa apoyan realmente el pensamiento complejo y emergente, o son un anacronismo que viene de las viejas formas de gobernanza de arriba hacia abajo y mando y control?". Nos hace sensibles a los acuerdos de poder que no son equilibrados. La auto-organización sucede sólo cuando todo el mundo está empoderado y está en sintonía con las necesidades del cliente. Los procedimientos desarrollados para implementar Sociocracia son efectivos en muchos tipos de culturas, gente y trabajo, ya que proporciona una perspectiva que es genérica.

## Perspectiva de Pieter van der Meché, The Sociocracy Group

¿Por qué los directivos deben mostrar interés en la Sociocracia? Después de 21 años de experiencia, la respuesta corta sería: "Porque potencia el nivel de cooperación entre todos los *stakeholders* a todos los niveles de la organización". Muchas organizaciones sufren de una cultura "nosotros contra ellos", de "decir que sí pero no hacerlo" y de "quejarse sin tomar responsabilidad del problema". Esta dicotomía no siempre es vista desde afuera y, sobre todo, tampoco por los directivos porque la gente no se siente lo suficiente segura de hablar. Tienen miedo de entrar en conflicto con sus líderes y el impacto negativo que podría tener en sus carreras. El lado negativo de este conflicto es que muchas ideas, iniciativas, perspectivas y energía se pierden. Ni siquiera llegan a surgir.

Como alto directivo quieres saber qué es lo que realmente sucede en el corazón y en las mentes de los *stakeholders* de tu empresa. Quieres que sean capaces de alinear sus diferentes perspectivas en un esfuerzo coordinado para lograr los objetivos de la organización. Esto es exactamente a lo que ayuda una estructura sociocrática de toma de decisiones y lo hace mejor que cualquier otra estructura de toma de decisiones.

He formado muchas reuniones generales de círculos, el lugar donde los directivos deciden las políticas para la compañía de forma conjunta con los ejecutivos y con representantes de los trabajadores. He visto a menudo cómo un enfoque sociocrático ayuda a cambiar posiciones iniciales antagónicas en decisiones compartidas donde todos los miembros del círculo se sienten verdaderamente comprometidos.

Recuerdo un departamento grande de una universidad donde tenían que decidir las promociones del personal. Había dinero sólo para cinco promociones debido a restricciones presupuestarias, pero el equipo de líderes había prometido hasta a 20 personas una promoción. ¿Qué hacer? ¿Quién sería promocionado y quién no? Después de dos rondas en las que los líderes de los equipos defendieron fuertemente sus propuestas e intentaron llevar la difícil decisión a las manos de la alta dirección, alguien empezó a hablar en voz alta de cómo él manejaría una reducción de salario en su familia. "Intentaría ahorrar dinero reduciendo mis gastos. No hablaría de comprar una casa más grande o vacaciones más caras. ¿Por qué actuaría de forma distinta en la oficina?". Eso fue el detonante para que surgiera una idea: no habría ninguna promoción debido a la reducción de presupuesto y no se quería favorecer a unos empleados frente a otros. Cuando esta propuesta fue sometida a consentimiento, unos pocos líderes objetaron. "Tengo una persona en mi departamento que lleva haciendo un buen trabajo durante años y nunca ha percibido el salario asociado a ese tipo de tareas. No puedo decirle que no recibirá la promoción que haría justicia al nivel que él está rindiendo ahora desde hace ya un tiempo".

Durante la ronda de opiniones, muchos reconocieron que había casos de personas mal pagadas. Así que todo el mundo consintió en añadir a la propuesta original: los líderes que creyeran que tenían esos casos en su equipo podrían explicar las circunstancias concretas al círculo. Si el caso de la promoción estuviera claro para todo el mundo, entonces se produciría el ascenso. Si no estuviera claro (por ejemplo, había preguntas sin respuesta) no se produciría el ascenso. Se dieron tres casos y uno de ellos tuvo el consentimiento. El grupo abandonó la sala unido y sintiéndose empoderado para explicar y ejecutar la decisión, así que así lo hicieron.

Curiosamente el grupo no se quedó parado, continuó la negociación con la dirección para conseguir más dinero y se propuso alcanzar el máximo número de promociones. Se centraron en un objetivo común: tener un departamento sostenible financieramente. Reconsideraron sus propias opiniones y puntos de vista sobre la base de los argumentos y la información compartida en las sucesivas rondas, donde cada uno tuvo la oportunidad de hablar. Desarrollaron un entendimiento común, pero lo más importante, la responsabilidad de decidir sobre la solución estaba en manos de cada participante. Lo que estimula a los participantes a escuchar cuidadosamente, reconsiderar su opinión y focalizarse en el objetivo común es esa combinación de ser capaz de decidir por uno mismo lo que está en tu rango de tolerancia y la responsabilidad compartida de resolver el problema juntos.

Para que el principio de consentimiento sea efectivo, la "seguridad social" es importante. Los participantes deben sentirse libres de usar el consentimiento durante las reuniones del círculo para corregir las decisiones que no son aceptables para ellos. Incluso si estas correcciones provocan mucha tensión. Todos los intentos de imponer reglas para limitar el uso del principio de consentimiento durante las reuniones del círculo socava su eficacia. Algunos ejemplos de reglas limitantes son: "Tu sólo puedes hablar desde el punto de vista de tu rol"; o "Estás limitado a participar en los temas en los que se te permita hablar; no hables de temas de estrategia porque es un área del líder". Tales reglas, cuando son usadas de forma absoluta, llegan a ser una fuente de manipulación con un impacto negativo en el nivel de cooperación.

## Agile

El manifiesto *Agile* está formado por un conjunto de valores y principios que guían a los equipos de la empresa para mejorar sus formas de desarrollar software (para una visión completa de los principios ver la sección Apéndice). Ahora que nos estamos centrando en toda la empresa, más allá del nivel de equipos de software y para abordar un espectro completo del trabajo, necesitamos traducir los valores del manifiesto de forma que sean aplicables a toda la empresa.

A continuación interpretamos estos valores en un contexto de toda la empresa (las frases entre comillas son frases del *Agile Manifiesto*):

1. "Individuos e interacciones sobre procesos y herramientas": En el contexto original del software, este valor quiere decir que un equipo *Agile* tiene que encontrar sus propios procesos (y mejorarlos con el tiempo), ayudando así a crear valor para el cliente. Es decir, los procesos y las herramientas tienen que ayudar a la gente y las interacciones entre ellos y no a la inversa. Empresas que no usan marcos de trabajo Ágiles tienden a tener procesos y herramientas estándar que prevalecen independientemente de las necesidades de los equipos. Sin embargo, desde un punto de vista de toda la empresa, este valor debe reflejar la necesidad de toda la empresa de operar como un sistema complejo y emergente. Un sistema complejo sólo puede ser guiado por personas (a veces referido como "alineación para la autonomía"). Las herramientas no emergen por sí solas. Para operar como un sistema complejo, la empresa debe promover la **auto-organización** en todo momento.

2. "Software funcionando sobre documentación extensiva": Obviamente, esta afirmación se refiere específicamente al software. Quiere decir que la verdad reside en el sistema funcionando y no en la documentación que describe lo que dicho sistema debe hacer. De forma consecuente, el sistema funcionando hace que el progreso sea transparente y sólo con este conocimiento el equipo (y sus *stakeholders*) pueden tomar decisiones informadas. Los participantes en nuestro *workshop* en la conferencia *Agile India 2017* sugirieron "entrega visible", lo cual, inicialmente, nos gustó bastante. Pero, después de pensar, cada parte de la empresa no produce necesariamente un entregable tangible. Además, el término "entrega visible" enfatiza el resultado, no todo el proceso de generar un producto o servicio. Por eso, "software funcionando" se refiere a "lo que actualmente está sucediendo" independientemente del tipo de

trabajo que se haga. Transparencia significa la capacidad de acceder a la información y no necesariamente "claridad". Por ejemplo, una situación caótica puede ser transparente pero probablemente las cosas no estén claras. La **transparencia** debe tener lugar en el ámbito de toda la empresa, no sólo dentro de un equipo que usa un enfoque *Agile*.

3. "Colaboración con el cliente sobre negociación de contratos": Los contratos son importantes pero no aseguran que se esté construyendo el producto adecuado. Un producto creado por un equipo (o un servicio proporcionado) se debe mantener en constante contacto con los clientes externos (e internos) para descubrir qué es lo que realmente necesitan. En un contexto que abarque a toda la empresa, quiere decir encontrar formas imaginativas para mantener un constante contacto con los clientes para asegurar que tu producto o servicio verdaderamente cubre sus necesidades. El proceso de búsqueda de clientes, establecer relaciones y cultivarlas no sucede sólo. Los intereses, tanto del cliente como de la empresa proporcionando el servicio o producto, necesitan estar alineados. Si los intereses están alineados, la empresa de forma natural mantendrá **foco constante en el cliente**, lo cual es clave para todos. Todo el mundo debe desarrollar un profundo entendimiento de sus clientes independientemente de su rol en la empresa.

4. "Responder al cambio sobre seguir un plan": En el contexto original del software, los equipos crean un plan, pero el plan no es tan importante como la planificación. Obtener *feedback* sobre las necesidades de los clientes, la colaboración con los compañeros, revisar los resultados técnicos, etc... también debe ser atendido. La respuesta puede ser el aprendizaje a partir del *feedback* y, quizás, el desarrollo de nuevos métodos, comportamientos más efectivos y ajustes en los planes. No se conoce y no se controla qué será lo siguiente y hay que tomar decisiones a lo largo del camino. El aprendizaje puede variar desde pequeñas mejoras a saltos transformacionales hacia

nuevos sistemas. Para que una empresa aprenda, cada una de las personas debe contribuir al crecimiento de la misma, de igual forma que un organismo vivo se ajusta y desarrolla continuamente. Por lo tanto, el **aprendizaje continuo** es fundamental para la agilidad de toda la empresa.

Aunque ha habido otras traducciones del Manifiesto *Agile* por diferentes razones (Ver AgileHRManifesto, AgileMarketingManifesto, or ModernAgile), creemos que traduciendo de esta forma los valores principales del Manifiesto *Agile*, pueden ser aplicados a toda la empresa. No estamos diciendo que necesitamos un nuevo Manifiesto, sólo queremos hacerlo más aplicable a toda la empresa.

El *feedback* dirige los cuatro valores, tanto en el *Agile* Manifiesto original como en el derivado para la agilidad de toda la empresa. Por ejemplo, "Colaboración con el cliente sobre negociación de contratos" confía en obtener y dar *feedback* al cliente y tener foco constante en el mismo. Sin embargo, el decir simplemente "tengamos más *feedback*" no es suficiente, ya que es demasiado genérico. Para hacerlo útil necesitamos diferenciar el *feedback* y ser más específicos sobre la naturaleza del mismo. La auto-organización, transparencia, foco constante en el cliente y aprendizaje continuo pueden hacer prosperar a una empresa. Todos ellos son habilitadores para la agilidad empresarial.

Estos valores son condiciones que habilitan a las empresas a sobrevivir y prosperar con la disrupción en el mundo VUCA, el cual no podemos negar, ni escapar de él. Implementar estos valores ágiles en toda la empresa no es directo. Tal y como vimos en el Capítulo 1, en la discusión acerca de los retos de expandir *Agile*, para hacer aplicables estos valores necesitamos una sabiduría combinada de otras corrientes: *Beyond Budgeting*, *Open Space* y Sociocracia.

## Perspectiva de Johanna Rothman, Rothman Consulting Group inc.

## *Agile* es una Mentalidad, Valores y Principios

Una mentalidad son los valores, creencias y principios que posees y que guían tus acciones en una situación.

Una mentalidad *Agile* quiere decir que valoras la colaboración y el *feedback* en un equipo. Crees que pequeños pasos y comprobaciones frecuentes del progreso te ayudarán. Crees que la gente colaborando puede crear productos excelentes. Usas los principios *Agile* y *Lean* de colaboración, entregas y transparencia para guiar tu trabajo.

*Agile* se construye con la adaptación de tus proyectos y el trabajo del día a día. Puedes hacer esta adaptación si adoptas una mentalidad de crecimiento (*Growth mindset*). Cuando trabajes como equipo, adoptando una mentalidad de crecimiento y los principios y valores de *Agile* y *Lean*, descubrirás qué puedes experimentar y aprender de esos experimentos.

La mentalidad *Agile* es aquella que dice, "¿De qué experimento pequeño puedo aprender y progresar con el resultado?"

Considera esta definición para guiar la selección de prácticas:

- Puedes entregar lo que tú quieras (en forma de valor).
- Puedes entregar ese valor cuando tú quieras.
- Puedes cambiar al próximo bloque de trabajo que tenga más valor.
- Aprendes del trabajo que has hecho previamente, tanto del trabajo en sí como del proceso para hacer dicho trabajo.

Esto no es todo lo que es *Agile*, pero puede ser una buena definición que funciona. Si trabajas para ser capaz de entregar lo que quieres y cuando tú quieres, moverte a la próxima cosa y aprender, entonces tienes ciclos de *feedback* (Revisa los principios *Agile* reflejados en el Manifiesto)

Las siguientes prácticas pueden aumentar tu agilidad:

- Iteraciones, porque limitan el trabajo al que un equipo se puede comprometer en un periodo de tiempo dado.
- Kanban, con limitación del trabajo en curso. Se limita el trabajo que un equipo puede hacer y muestra el flujo de dicho trabajo.
- Retrospectivas, que te permitan aprender del trabajo previo.
- Reuniones diarias, si la gente trabaja de forma independiente, porque se refuerza el compromiso para terminar el trabajo.
- Trabajo por pares, *swarming* (todo el equipo trabaja en la tarea más importante), *mobbing* (todo el equipo trabaja sobre la misma mesa en el mismo problema). Se limita el trabajo en progreso y ayuda al equipo a revisar el trabajo y aprender conjuntamente.
- Prácticas de excelencia técnica de XP (Extreme Programming). Permiten cambiar el código y los tests más fácilmente.

No necesitas ninguna de estas cosas para ser *Agile*. Todas ayudan pero puedes encontrar otras prácticas que sean más útiles en tu contexto.

Recuerda, *Agile* es una mentalidad que implica colaboración, transparencia y entregas frecuentes que guían tu trabajo. No se trata de elegir un marco de trabajo específico o dogma. Los enfoques *Agile* promueven el cambio dentro de la organización, y también fuera, y crean una cultura que ayuda a la gente a crecer y a tener éxito.

## 2.5 Resumen

En este capítulo hemos evaluado diferentes desarrollos y hemos examinado cuáles abordarían mejor los retos de aplicar la agilidad a toda la empresa tratados en el Capítulo 1. Hemos decidido centrarnos en aquellos movimientos que son simples, pragmáticos y no aquellos que son más filosóficos, específicos de una empresa o derivados de ella.

Elegimos los siguientes movimientos, los cuales listamos en orden según el nemónico BOSSA nova:

- **Beyond Budgeting**: Aborda la flexibilidad y adaptabilidad necesarias para las empresas desde una perspectiva financiera.
- **Open Space**: Se basa en trabajar con pasión, limitada por la responsabilidad, de forma que pueda multiplicar la efectividad de los otros tres métodos.
- **Sociocracia**: Introduce el *feedback* en toda la estructura de la empresa y sintetiza los intereses, aparentemente conflictivos, de los accionistas y clientes.
- **Agile**: Ha sido exitoso y aceptado en el campo del desarrollo del software y más allá, especialmente importante en el contexto de la rápida digitalización de, prácticamente, todas las facetas de los negocios.

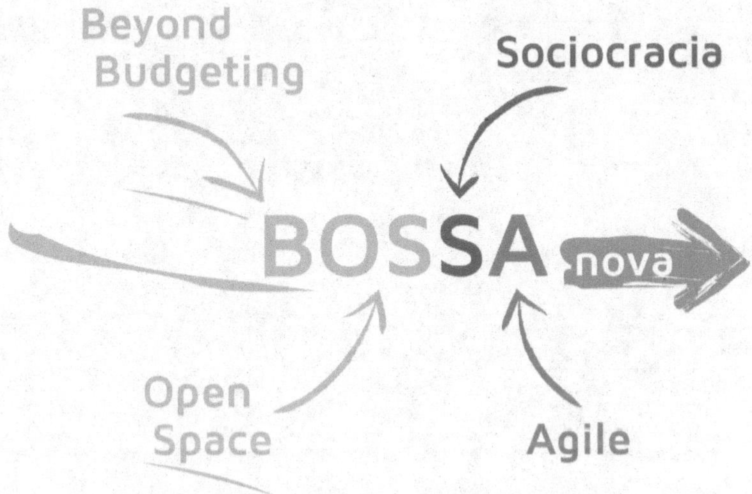


**El camino de BOSSA nova**

Más adelante nos basaremos en los conocimientos de otras corrientes y movimientos, tales como *Lean Startup* y *Design Thinking*, porque ofrecen estrategias innovadoras para mantener a la gente super-creativa encaminadas y enfocadas en las necesidades de los clientes.

Cada corriente por sí misma contribuye a una mayor flexibilidad y adaptabilidad. En el resto del libro exploraremos cada una de las corrientes de forma individual y con más detalle y, también, cómo su influencia puede ayudar a lograr la agilidad empresarial.

La palabra "nova" ("nuevo" en portugués) no se refiere a ninguna corriente o movimiento, sino más bien a tu propio viaje. Implementar BOSSA nova significa estar en un viaje sin un destino final. Al comienzo de la Parte III exploraremos cómo puedes iniciar y permanecer en el viaje.

# II Improvisando la melodía

"¿Qué es lo que viene lo primero, tu gente, tus clientes o tus accionistas?. Yo diría que no es un acertijo. Tu gente será lo primero, y si los tratas bien, ellos tratarán bien a los clientes, los clientes volverán y eso hará felices a los accionistas" – Jeremy Hope, Peter Bunce y Franz Röösli en *The Leader's Dilemma*.

---

En el Capítulo 2 sólo repasamos el valor de cada corriente, sin preocuparnos demasiado acerca de cómo estaban relacionadas. En esta parte del libro observamos como están relacionadas, se apoyan unas a otras y cubren los huecos: la pregunta "y ahora qué".

En lugar de desarrollar por completo un nuevo marco de trabajo (o crear un nuevo Manifiesto) y encajar las cuatro corrientes mencionadas en él, decidimos que sería más fácil el comenzar con un marco de trabajo y añadir el resto de corrientes en él.

Debido a la importancia de la disrupción digital (Andreessen: "El software se está comiendo el mundo"), decidimos comenzar con la corriente que se ha desarrollado con el mundo digital, *Agile*, y elaborar los valores derivados del Manifiesto para usarlos en el contexto de toda la empresa:

- Auto-organización
- Transparencia
- Foco constante en el cliente
- Aprendizaje continuo

La experiencia indica que estos valores funcionan en el mundo real. Los valores son un testimonio a esa experiencia y no una afirmación de un sistema de creencias más profundo.

Lo próximo que haremos es explorar cada uno de estos valores para ver como cada una de las corrientes contribuye a hacerlo aplicable a toda la empresa. Este enfoque quiere decir que estamos separando la perspectivas, sabiendo que arriesgamos a limitar la narrativa. Al final de la exploración de cada valor proporcionamos una síntesis inicial (o narrativa) para el valor. En la Parte III, adoptamos un enfoque holístico.

# 3. Auto-organización

Por "Auto-organización" nos referimos a que un sistema (por ejemplo, un equipo) hace "lo propio a propósito" sin un control externo (ver PrincipiaCybernetica). Con la gente, la auto-organización parece requerir que todo el mundo sea igual y tenga la oportunidad de contribuir a algo. Con igualdad queremos decir que todo el mundo importa y añaden su individualidad a la colaboración. Incluso si los roles son muy específicos y muy limitados y la gente es muy distinta, todavía la voz de todo el mundo es necesaria para alcanzar el objetivo común. Por consiguiente, aunque la gente está especializada en su rol, ellos también toman parte en todo el conjunto con su punto de vista. Que todo el mundo tenga una voz significativa en el conjunto es condición previa para que la auto-organización y el pensamiento emergente suceda.

Por ejemplo, en un equipo Scrum, todo el equipo puede negociar el trabajo asignado en la reunión de planificación y, además, pueden añadir sus ideas en una retrospectiva. De esta forma, el equipo se auto-organiza y pueden surgir nuevas ideas. Si sólo se permite participar a unos pocos miembros, se producirán estimaciones incorrectas acerca del trabajo que puede ser completado en la iteración y sólo se obtendrán visiones limitadas acerca de cómo mejorar el proceso.

## 3.1 Retos de la auto-organización

¿De qué forma los jefes le pueden decir a todo el mundo que se auto-organicen? y ¿cuál es el rol de un jefe en un sistema auto-organizado? En una organización tradicional, los jefes son usados como estructura de mando para decirle a la gente lo que tiene que hacer. Esto paraliza cualquier actividad de auto-organización. Las tareas asignadas a un grupo de gente, normalmente, están tan interrelacionadas con otras actividades que no se posee la suficiente autonomía para auto-organizarse. O, si tú estás usando un enfoque Tailorista de trocear el trabajo en partes más pequeñas, los trozos son demasiado pequeños para auto-organizarse. Si la capacidad, responsabilidad y tareas están separadas (algunas hacia el jefe y otras hacia el empleado), la auto-organización no puede tener lugar (Ver Emery & Trist).

Otro reto es que para que un grupo se auto-organice, todas las voces en el grupo deben ser escuchadas. Esto es también verdad si la auto-organización es aplicada a lo largo y ancho de toda la empresa. Sin embargo, las prácticas convencionales no dicen cómo se puede conseguir que "todas las voces sean escuchadas".

# 3.2 Perspectivas desde las diferentes corrientes

Cambiamos ahora a las cuatro corrientes - "Más allá del presupuesto", *Open Space*, Sociocracia y *Agile*, para obtener información sobre cómo cada uno de ellos aborda el concepto de auto-organización. También, añadimos la visión de *Human Systems Dynamics*, una herramienta útil que citamos en el Capítulo 2.

## Más allá del presupuesto (*Beyond Budgeting*)

"Más allá del presupuesto" hace énfasis, en el principio 5, en la importancia de la confianza para lograr la autonomía: *Confíe en las personas con libertad para actuar; no castigue a todo el mundo si alguien abusa.* Este principio se basa en el hecho que empresas convencionales establecen muchas reglas y pautas para controlar el abuso y el engaño. Considera, por ejemplo, regulaciones comunes para gastos de viaje como el tipo de hotel o la clase de viaje. Estas regulaciones a menudo están escritas desde un marco de trabajo que asume que la gente gastará demasiado dinero a menos que estén controlados o con un jefe alrededor. En lugar de confiar en un departamento o unidad y tratar con los que no son confiables más tarde, la cultura desconfía de todo el mundo. Tal y como Bjarte Bogsnes explica:

> "Como en tantas situaciones de liderazgo, hay una respuesta simple (pero incorrecta) y una más compleja (pero correcta). La simple e incorrecta consiste en meter a todo el mundo en la cárcel porque alguien hizo algo incorrecto. [...] La correcta, pero también la respuesta más exigente es el tener esa conversación firme con aquellos involucrados, y que tenga las consecuencias necesarias. La confianza no consiste en ser blando."
> (Bogsnes, pos. 3131)

El establecer una cultura de confianza lleva también a tener menos reglas y regulaciones y, por lo tanto, menos micro gestión, control jerárquico y burocracia, qué es lo que piden los principios 2 y 4.

- Principio 2: *Gobernar a través de valores compartidos y buen juicio, no a través de reglas y regulaciones detalladas.* Los valores compartidos son el pegamento para un grupo de gente que trabajan juntos de forma responsable. Los valores guían con más certeza que cualquier regla y regulación porque guían a toda la persona en su conjunto. Las reglas y regulaciones sólo pueden establecer un marco de trabajo, mientras los valores pueden guiar en cualquier momento.
- Principio 4: *Cultivar un fuerte sentido de pertenencia y organizarse alrededor de equipos responsables; evita el control jerárquico y la burocracia.* De forma similar a *Agile* y Sociocracia, "Más allá del presupuesto" establece un objetivo común - siendo responsable de algo - como un pre-requisito para la auto-organización. O en otras palabras, si un grupo

de gente no tiene un objetivo común, no se pueden auto-organizar, porque no hay nada en torno a lo que organizarse. Y fomentar un sentido de pertenencia, trae la idea de igualdad y de sintonía interpersonal, que es el otro pre-requisito para la auto-organización.

## Open Space

*Open Space* está basado completamente en la auto-organización. *Open Space* invita a los participantes a hacer que el formato encaje con el propósito. Por ejemplo, hay un tiempo ya definido para la finalización de una reunión, pero este será ajustado cuando se tenga claro cuanto tiempo se necesita realmente: en otras palabras, el trabajo no tiene porque ser terminado sólo porque se haya terminado el tiempo prefijado para la reunión. La estructura subyacente anima a que cualquiera sugiera un tema y todo el mundo se organice alrededor de los temas, de las formas y en los lugares más útiles para lograr los objetivos inherentes a dichos temas. Los individuos permanecen con el tema, o eligen cambiar a otros diferentes, movidos por sus intereses y deseos de contribuir.

Este formato difiere dramáticamente de la cultura tradicional de reuniones, donde:

- Gente "cualificada" (a menudo los jefes) invitan a los asistentes,
- la gente "adecuada" es invitada (a menudo también definidos por los jefes), y
- la cantidad de tiempo de la reunión está pre-definido (lo que típicamente quiere decir que la reunión dura exactamente lo que está prefijado), incluso si realmente podría ser más larga o corta).

Por lo tanto, *Open Space* confía en equipos auto-seleccionados para trabajar juntos (ver Mamoli & Mole). Este enfoque es el diferenciador clave de otras corrientes, en la cual, la composición del equipo, grupo o círculo tiene influencias externas. Una vez formado, el equipo comienza a auto-organizarse. En el *Open Space*, la gente decide por sí misma a qué equipos, grupo o círculo unirse. Porque los individuos son los mejores jefes de su propia experiencia, aprendiendo y contribuyendo. *Open Space* da a la gente el derecho y la responsabilidad de tomar las decisiones correctas para auto-organizarse alrededor de temas que necesitan ser discutidos o resueltos. El *Open Space* Organizacional, en el cual las empresas se organizan a sí mismas de acuerdo a los principios de *Open Space*, da a todo el mundo el derecho y la responsabilidad de aprender y contribuir, tanto como ellos puedan, por el beneficio de toda la organización, los clientes o algún otro colectivo y con un propósito importante. Y de forma similar a otras corrientes - sin un tema colectivo o un objetivo común, la auto-organización no se dará en el *Open Space*.

## Sociocracia

La Sociocracia se basa en las ideas del premio Nobel Ilya Prigogine de crear una estructura que soporte la auto-organización. Prigogine observó que si estamos hablando sobre moléculas de gas en un láser, granos de arena en el fondo de un arroyo o un conjunto de gente, si tienes elementos de un sistema que es básicamente equivalente e introduces una fuerza externa, los elementos se auto-organizarán. Un láser requiere una sacudida eléctrica para que las moléculas de gas emitan una luz coherente, los granos de arena requieren una corriente de agua para auto-organizarse en ondas, y un grupo de personas equivalentes necesitan un objetivo común, la presión de las necesidades del cliente, para auto-organizar su trabajo.

Equivalencia significa que, aunque todo el mundo es diferente, cada voz debe ser escuchada. Es un requerimiento crítico para la auto-organización de los humanos. Sociocracia usa los procedimientos del consentimiento para la toma de decisiones y así crear esta equivalencia necesaria. Una decisión es tomada por consentimiento cuando nadie tiene una objeción razonada y fundamental a la decisión propuesta. El proceso de toma de decisiones por consentimiento no pide a todo el mundo que comience a confiar los unos en los otros, sino que se crea una estructura que genera la confianza con el tiempo.

Sociocracia añade un concepto más: la idea de la auto-organización en diferentes niveles de abstracción. El trabajo ocurre de forma natural en distintos niveles de abstracción. Por ejemplo, a principios de la primavera un jardinero puede consultar un catalogo de semillas para seleccionar las plantas que cultivará en su jardín. Podría hacer un boceto que muestre cómo diseñará la parcela. Estas actividades son más bien abstractas. A finales de la primavera, hará el trabajo concreto de labrar la tierra, plantar y luego deshierbar.

En una organización tradicional, los "trabajadores de la abstracción" usan una estructura de mando para decir qué hacer a aquellos que hacen el trabajo. Esto detiene cualquier actividad de auto-organización por la gente que está haciendo el trabajo "concreto", porque desaparece la tan requerida equivalencia y la auto-organización no puede tener lugar. La siguiente imagen muestra una estructura típica de gobierno tradicional de arriba hacia abajo.

Estructura de gobierno de arriba hacia abajo

La Sociocracia usa un sistema de *feedback* desde "abajo" que no puede ser ignorado para restaurar la equivalencia. En lugar de una única conexión de mando, de abstracto a concreto ("de arriba a abajo"), hay un segundo sistema fuerte que también crea un flujo de poder, desde lo concreto a los abstracto ("de abajo hacia arriba"). Esta influencia dual es llamada doble enlace, significando que, en cada nivel, además del jefe (quien habla desde lo abstracto a lo concreto), una persona es elegida para hablar desde el punto de vista de lo concreto hacia lo abstracto. Cada nivel está conectado con el siguiente nivel superior e inferior con dos personas, no sólo una. Las decisiones sobre las políticas en cada nivel son tomadas usando el consentimiento por los jefes y los representantes elegidos para ese nivel de reuniones como política de círculo. Añadiendo las voces superiores se crea una jerarquía circular.

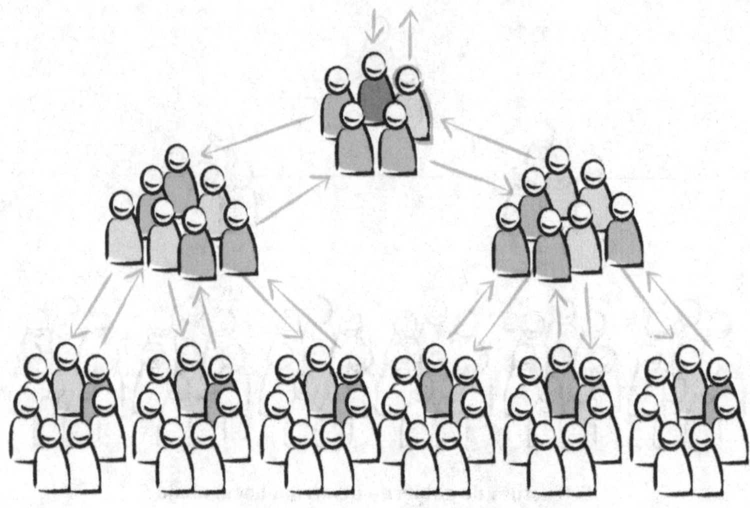

**Estructura de gobierno circular**

## Agile

*Agile* vincula la auto-organización con la *confianza* en los individuos y sus interacciones. Esta vinculación da la libertad a los equipos para elaborar un proceso que atienda sus necesidades y que la empresa deje de dictar herramientas y procesos que pueden no ser el mejor encaje para el propósito actual. La retrospectiva es el lugar habitual donde se produce el ajuste del proceso. Además, los líderes piden que se confíe en los miembros del equipo y que se proporcione un entorno, de forma que ellos puedan crear valor para el cliente. (Compara esto también con el 5° principio del Manifiesto *Agile*: Construye proyectos en torno a individuos motivados. Proporcionales el entorno y soporte que ellos necesiten y confía en ellos para hacer el trabajo). Todavía, muy a menudo las empresas definen reglas y pautas que ralentizan a los equipos o más bien les alejan de ser exitosos.

Como pre-requisito para la auto-organización, *Agile* pide a los equipos ser multi-funcionales. Un equipo sólo puede entregar un producto completo si todas las diferentes perspectivas del producto trabajan conjuntamente. La entrega de un producto completo (o funcionalidad completa o *User Story*) sirve como propósito común para el equipo, el cual es otro pre-requisito para la auto-organización. Si en su lugar, los equipos están configurados según funciones, cada equipo sólo se podrá concentrar en su experiencia funcional, lo que típicamente lleva a tener interfaces incompatibles en el producto final.

## 3.3 Perspectivas adicionales

*Human Systems Dynamics* (HSD) es una colección de modelos, métodos y herramientas para sistemas adaptativos complejos. Se basa en la indagación y tiene en cuenta la incertidumbre e impredictibilidad integrando la teoría de la complejidad. HSD define tres condiciones para la auto-organización (ver HSD y Eoyang):

- Un **Contenedor**, el cual es cualquier sistema humano que se organiza alrededor de "algo". Ese "algo" puede ser una pertenencia, una entrega, una creencia, o algo del estilo a, por ejemplo, una nación, un servicio o una religión.
- **Diferencias**, que permiten distinguir un contenedor de otro y crea tensiones entre las partes dentro del mismo contenedor. Las tensiones pueden ser creativas o destructivas, por ejemplo, tensiones conflictivas, dependiendo de cómo se consideren y manejen.
- **Intercambios**, que definen las interacciones entre contenedores. Esta heurística es fractal, lo que quiere decir que se repite a sí misma en diferentes niveles de abstracción.

Desde esta perspectiva, la auto-organización puede tener muchos matices. Por ejemplo, si tienes muchas personas de ideas afines en un grupo (un contenedor con un enfoque limitado), la auto-organización puede llegar a ser más fácil. Puedes haber observado este fenómeno en encuentros profesionales donde todo el mundo habla la misma jerga, o en una reunión de familia, donde todo el mundo comparte una historia común. Sin embargo, si sólo tienes personas de ideas afines (contenedor limitado), el número de intercambios entre los grupos incrementará, porque cada grupo tendrá un resultado diferente que necesita ser conciliado con otros grupos. Las diferencias entre grupos serán más pronunciadas.

Así, al cambiar los contenedores, las diferencias y la naturaleza de los intercambios entre ellos, se puede adaptar el fenómeno de la auto-organización a las necesidades del trabajo que necesita ser realizado. La situación actual decide qué es lo más útil en cada momento.

## Perspectivas de Sandy Mamoli, nomad8

*Snapper* es un proveedor de un servicio de tickets de transporte de *Wellington*, en Nueva Zelanda. Aunque es relativamente pequeño, con sólo 60 empleados, proporcionan servicio a clientes de todo el mundo.

Su viaje con *Agile* comenzó hace siete años, avanzó hacia Holocracia y terminó con una mezcla mágica de *Agile*, Sociocracia, Holocracia y una pizca de *Open Space*

### Agile

En 2010, colaboré para introducir *Agile* en el departamento de TI y parte de negocio de *Snapper*. Los deseos de la adopción de *Agile* eran una mejor colaboración en TI y mejorar la velocidad y calidad de la entrega de proyectos.

*Agile* cumplió su promesa: *Snapper* logró mejorar la entrega y, lo más importante, floreció una cultura de colaboración, respeto y verdadera pasión para los clientes del transporte. En los últimos siete años, han logrado verdadera agilidad, donde la gente vive por los principios y tienen completamente control de como trabajan.

Sin embargo, *Agile* fue restringido en gran medida a TI y algunas partes de negocio. Todavía tenían una estructura tradicional en equipos de TI, finanzas, *marketing* y atención al cliente. La colaboración entre estos equipos, a veces, era difícil y las cosas podrían fracasar.

## Re-diseño Organizativo Radical

En 2016 *Snapper* previó el éxito y el crecimiento, y era muy consciente de los problemas que implicaba el escalado. Querían una base que permitiría añadir personas sin añadir dolor.

Es entonces cuando leyeron sobre Holocracia. Se sintieron atraídos por la promesa de una mejor colaboración y pensaron que podría complementar a *Agile* proporcionando un *framework* para toda la organización. La transparencia radical, la toma de decisiones en el nivel adecuado y la organización dinámica, parecían lo correcto.

Se sintieron atraídos por el potencial de la mejora continua incorporada. En Holocracia, cada equipo (círculo) y rol son responsables de su propio desarrollo. Tal y como apuntó el CTO, si tienes 50 personas haciendo un pequeño cambio cada trimestre, se sumarán hasta 600 pequeñas mejoras al año, y todo a través de una proceso cultural impulsado por la gente, en lugar de un mandato de arriba hacia abajo.

## Holacracia

Había trabajado con *Snapper* en el pasado y me pidieron ayuda para introducir e incorporar Holocracia. Todos lo abordamos con la mente abierta.

Comenzamos con una implementación estricta que siguió las reglas al pie de la letra. Queríamos probar todo, tal y como había sido diseñado, y después hacer cambios desde una posición de conocimiento y experiencia, en lugar de cambiar porque encontráramos una práctica muy difícil de implementar.

Comenzamos a inducir a nuestros círculos: definiendo el propósito, los dominios y responsabilidades de cada círculo. Hasta el momento, todo bien. Esperaba estar completamente listo en un mes o así. ¿Cómo de difícil podría ser?

Resulto ser muy difícil. La gente lo encontró confuso y no le gustó el lenguaje legal y las reglas rígidas, sentían que no concordaba con su cultura organizacional. Y aunque la mayoría de la gente entendió porqué estábamos introduciendo Holocracia, no tenían una idea clara de cómo funcionarían las cosas una vez estuviera implantada.

## Sociocracia

Vimos potencial en las ideas y en el objetivo detrás de Holocracia, pero es fácil perder de vista los principios y llegar a estar obsesionado por el sistema por sí mismo cuando hay muchas reglas en su constitución. En términos *Agile*, es como la diferencia entre "ser *Agile*" y "hacer *Agile*".

Cuando nos enfrentamos a este problema en el mundo *Agile*, recurrimos como guía al Manifiesto *Agile* y a sus principios asociados. En el mundo del re-diseño organizacional, descubrimos que los principios subyacentes de Holocracia eran en realidad Sociocracia.

Centrándonos en los principios sociocráticos nos permitió comunicar la esencia del sistema y sus comportamientos deseados al resto de la organización de una forma clara y concisa.

Nos ayudó a mejorar nuestra colaboración y la toma de buenas decisiones ha llegado a ser notablemente más rápida y fácil. ¡Creemos que la toma de decisiones por consentimiento es genial!

El sistema con sus círculos interconectados ha proporcionado visibilidad, la cual nos permitió ver cuándo algo podría ser mejorado.

## Open Space

Con Sociocracia / Holacracia la gente se dio cuenta que tenían el poder de mejorar áreas en las que ellos trabajaban, y una vez que un problema había sido identificado, podría ser resuelto con el aporte de muchos colaboradores. Estos proyectos de mejora fueron impulsados por la gente que eligió trabajar en ellos, un tipo de auto-selección en grupos de trabajo. Fue nuestro trampolín a *Open Space Technology*.

Los grupos de trabajo auto-seleccionados de *Open Space*, el formato de reunión libre, la agenda colaborativa y la duración flexible de las reuniones, mejoraron tanto nuestra colaboración que lo extendimos de las reuniones de gobierno y tácticas para abarcar todas las reuniones de la empresa.

La influencia de *Open Space* nos ha ayudado a auto-organizarnos alrededor de asuntos que necesitaban ser discutidos y el trabajo a realizar - todo por colaboradores que han elegido hacerlo así.

Ha tenido un papel importante para mantener altos niveles de compromiso con la nueva forma de trabajar: Nadie se sintió forzado a acudir a aburridas reuniones o participar en proyectos de mejora en los cuales tenían poco interés. Nos ayudó a amplificar nuestra cultura de libertad y mejora continua.

## Conclusión

Hemos visto lo potente que puede ser la combinación de Sociocracia, Holocracia, *Agile* y *Open Space* para impulsar la mejora continua, proporcionar claridad y visibilidad en toda la organización y conseguir tomar decisiones rápidamente involucrando a la gente adecuada.

Para nosotros, la combinación ha formado un sistema que usamos para respaldar los principios y valores con los que estamos de acuerdo, tales como, liderazgo distribuido, responsabilidad, mejora continua y transparencia.

# 3.4 La nueva síntesis - La auto-organización

Un objetivo común, valores compartidos e ideales en torno a la equivalencia de poder, respeto mutuo y justicia, permiten que todos los niveles de la empresa se auto-organicen. Por lo tanto, es importante tomarse tiempo para generar claridad sobre el objetivo común y los acuerdos sobre los valores.

Todas las diferentes corrientes sugieren un cambio en la estructura para apoyar la auto-organización, y la combinación de las corrientes refuerza esto de la siguiente forma:

- La auto-organización es provocada por un objetivo común, equivalencia y/o valores compartidos. Estos definen el contenedor, por lo que el objetivo y el valor tienen un impacto en la anchura o estrechez del contenedor.
  - El contenedor es más fuerte si el objetivo está basado en las necesidades del cliente, porque el cliente trae una presión externa, o fuerza, que impulsa el fenómeno de la auto-organización.
- Multifuncionalidad para incluir todas las perspectivas diferentes y necesarias. La variedad en las perspectivas debe ser balanceada con un objetivo común.
- Confía en la sabiduría de los individuos y sus interacciones, lo que significa menos reglas y pautas. La gente se vuelve semi-autónoma porque no están microgestionados.
  - Establece reglas y pautas que asumen que todos los empleados quieren contribuir positivamente al éxito de la compañía.
  - Confiar en equipos/grupos auto-seleccionados enfatiza esta confianza.
- Restrospectiva para adaptar el proceso (y la estructura) para las necesidades actuales.

- Procedimientos para la toma de decisiones basados en el consentimiento para crear equivalencia: todo el mundo involucrado tiene la misma voz.
- Doble-enlace para crear una relación de abajo hacia arriba (es lo siguiente al enlace habitual de arriba hacia abajo), mediante el cual se construye un enlace de *feedback* en la jerarquía.
- Organizar reuniones abiertas, donde todo el mundo al que le importe un tema sea invitado, o incluso convoque la reunión, y que el tema sea la prioridad. Pueden surgir cosas totalmente nuevas y el calendario se inclina hacia esa prioridad.

La auto-organización genera confianza. Si la estructura para fomentar la auto-organización está funcionando bien, entonces el nivel de confianza debería aumentar con el tiempo.

# 4. Transparencia

Por "transparencia" nos referimos a hacer que la información sea accesible de forma que la gente pueda tomar decisiones informadas. Con todas las corrientes, la transparencia es necesaria para que todos los métodos funcionen. Están entrelazados. Por ejemplo, la transparencia es necesaria para un aprendizaje continuo y un foco constante en el cliente. Sin embargo, existe una antigua costumbre de ocultar cosas en las culturas laborales. "No comuniques a los empleados que va ha haber despidos porque perderemos a la mejor gente" o "Estoy intentando realizar esta idea innovadora y la mantendré en secreto para no generar resistencia". Y así muchos más casos. La transparencia, en otras palabras, puede ser incomoda a medida que la organización transforma toda la empresa. Al final, puede ser un alivio liberarse de la carga agotadora de mantener secretos.

## 4.1 Retos con la implementación de la transparencia

La transparencia no es fácil. Si un equipo tiene un cliente que oculta un caso de uso de un producto, el equipo no podrá entregar lo que realmente el cliente necesita. Si hay una lucha por el poder de gestión que implica manipulación, el equipo no podrá obtener toda la información que necesita para entregar un producto usable. Además, a menudo hay demasiada información que puede crear una sobrecarga de información y una gran carga para todos para filtrarla.

La transparencia es esencial para el éxito. No consiste únicamente en compartir información, sino estructurarla de una forma que haga que se pueda compartir toda la información posible de una forma efectiva. Si no tienes personas que sepan que información falta, el equipo nunca será capaz de entender todo el problema en cuestión. Hace algún tiempo, los experimentos con la gestión de la calidad total se detuvieron porque provocaron una profunda frustración y resentimiento. Los equipos trabajaban en un proyecto durante meses y la dirección rechazaba su trabajo porque no satisfacía sus necesidades. Entender todo el panorama completo nos obliga a estructurar un proceso en el que participa la dirección.

Parafraseando a Michael Herman: los problemas pueden "estar limitados por la transparencia" (ver Herman). La transparencia es un detector de problemas, porque cuando la implementas, los problemas existentes (a menudo de larga existencia) ya no se pueden ocultar. Por lo tanto, la transparencia es la clave para resolver de forma definitiva estos problemas. Pero, ¿Qué sucede si a la cultura empresarial existente le gusta ocultar los problemas?

# 4.2 Perspectivas de las distintas corrientes

Las cuatro corrientes tienen diferencias interesantes en la forma en la que abordan la transparencia.

## Más allá del presupuesto

El principio de liderazgo 3 de "Más allá del presupuesto" dice "hacer que la información esté en abierto para la auto-regulación, innovación, aprendizaje y control y **no** la restrinjas". La transparencia es, según uno de los cofundadores de "Más allá del presupuesto", Jeremy Hope, "el nuevo sistema de control". Por lo tanto, un grupo sólo puede tomar una decisión informada si la información está realmente disponible para ellos. Sin embargo, hacer que la información esté disponible también crea más vulnerabilidad e incluso miedo, porque no hay manera de ocultar las malas noticias. Esta vulnerabilidad da como resultado una forma de control diferente, control a través del acceso oportuno a la realidad y a oportunidades para la creatividad en torno a los problemas observados. En otras palabras, la transparencia crea auto-regulación mediante la presión social.

## Open Space

*Open Space* se basa en la transparencia, garantizando que todos los temas que necesitan ser discutidos estén sobre la mesa y no sean tratados en una sala oculta. Además, pide que no se espere a que aparezcan las personas adecuadas para discutir un tema específico, sino confiar en que quienes se unan a la discusión son las personas adecuadas. Ellos son los que se preocupan de aparecer y hacer el trabajo sobre el tema. La transparencia no significa que todo el mundo recibe toda la información, más bien, la gente que necesita la información la buscará y será capaz de obtenerla. Las personas que buscan la información la obtendrán.

Gracias a Michael Herman, quien nos mostró un gran ejemplo de *Open Space* Organizacional funcionando en el Centro de Salud Rural de la Universidad de Kentucky (ver Kepferle & Main), observamos:

> Sólo hay cinco limitaciones en este modelo de empoderamiento personal:
>
> 1. Cuando un problema u oportunidad deba ser discutido, debe haber una amplia notificación de la hora y el lugar de la reunión, de forma que cualquier persona interesada pueda asistir.
> 2. Las ideas/soluciones propuestas deben difundirse ampliamente para que puedan ser reconocidas como políticas del centro, programas o procedimientos; o, si son contradictorias con las reglas de la

Universidad de Kentucky, se pueda buscar otra solución.

3. Las soluciones propuestas no pueden ser dañinas para nadie.
4. Las soluciones propuestas deben canalizar nuestros recursos limitados de forma que tengan el máximo impacto para alcanzar nuestro objetivo.
5. La realización del trabajo para el que fuimos contratados será prioritario sobre nuestro trabajo en el grupo que forma el *Open Space*. Sin embargo, si la gente adecuada (aquellos que realmente importan) están involucrados en cualquier asunto, encontrarán la forma de asegurar que su trabajo es completado y el trabajo del grupo llegue a una conclusión exitosa.

NO HAY LIMITACIONES en lo siguiente:

1. Quien convoca una reunión.
2. El tipo de problema u oportunidad que está siendo abordado.
3. La disponibilidad de tiempo para tener una reunión.
4. Quien atiende a la reunión.
5. La disponibilidad de la información necesaria para que el grupo pueda trabajar

Las reglas significan que todo el mundo puede ver lo que a los demás les importa y de lo que se responsabilizan. Confiar en las invitaciones sobre el mandato y asignaciones hace transparente la ilusión del control. Debido a que cualquier tema u oportunidad de importancia puede ser planteada en el *Open Space* Organizacional, aporta un nivel de transparencia al entorno y a lo que está sucediendo. El derecho y responsabilidad de invitar, convocar una reunión larga o una sesión de trabajo dentro de una reunión es equivalente al derecho y responsabilidad de "tirar del cable" en una planta de fabricación de Toyota.

## Sociocracia

En Sociocracia se define la transparencia como el acceso a toda la información que necesitas para tomar una decisión - no todo el mundo puede ver toda la información. Todo el mundo debe ser capaz de ver toda la información que necesite. Esto quiere decir que no hay barreras infranqueables para conseguir la información que el equipo necesita para tomar sus decisiones. Alguien que oculta información, puede manipular y controlar a otros y eso viola la necesidad de equivalencia, discutida bajo la auto-organización.

Cuando un equipo toma una decisión conjunta, comienza con la "formación de la imagen", lo que significa recopilar toda la información relevante de un problema antes de empezar a desarrollar la solución. En este punto, puede ser necesario hacer preguntas difíciles ("embarazosas") y necesitarán respuestas. Por ejemplo, una empresa puede requerir a su departamento de contabilidad que proteja los gastos generales de forma que los competidores no tengan ventaja al calcular las tasas de licitación en los contratos. Pero un equipo sociocrático (también conocido como "círculo") puede querer conocer si los pagos se están calculando correctamente. Una forma de resolver estas necesidades conflictivas es que el círculo seleccione un representante que sea aceptado tanto por el equipo como por el departamento de contabilidad para examinar y validar la exactitud de los libros.

## Agile

*Agile* hace transparente tanto el trabajo como el proceso para hacer el trabajo. La transparencia es lo que realmente está sucediendo. Por lo tanto, un equipo delibera de forma conjunta con el cliente en qué trabajará a continuación y cómo será medido la consecución del entregable. Mientras se crea el trabajo, el equipo hace transparente el progreso, por ejemplo, en Scrum se presenta software funcionando a los *stakeholders* en la reunión de *Review*. La entrega real y regular del sistema es clave para la transparencia, porque todo el mundo que está interesado en el trabajo del equipo puede saber exactamente qué y cuánto se ha completado.

Por el contrario, en equipos no *Agile*, no es posible encontrar o verificar la información acerca del progreso, porque no hay un sistema ejecutable que proporcione esa información, sólo documentación, que puede proporcionar mucha información que realmente no significa mucho porque sólo el producto al final es verificable, y todo el mundo espera que sea usable.

# 4.3 La nueva síntesis - Transparencia

La sorprendente conclusión es que las cuatro corrientes son muy consistentes en la forma en la que definen la transparencia. Una definición compuesta podría ser: *la transparencia es la estructura que muestra de forma fiable la verdad a aquellos que necesitan conocerla.* Transparencia no significa que la información no pueda ser gestionada para cumplir requerimientos legales de confidencialidad y sobrecarga de información. Cada corriente recomienda disciplinas estructurales especificas que, combinadas, ayudan a todos a conocer la verdad, incluyendo:

- Haz que tu trabajo y el progreso hacia el resultado sea transparente.
  - A menudo se trata de información incomoda, pero si no la conoce, no puede actuar en consecuencia.
  - La información está basada en hechos verificables (como un entregable concreto).
- Haz que la información esté disponible y accesible a la gente que la necesita para hacer su trabajo.
  - La formación de imágenes es usada para recopilar la información relevante antes de desarrollar la solución.
  - Toda la información necesaria es compartida.

– Los equipos auto-organizados tienen toda la información que necesitan para discutir un tema.

# 5. Foco constante en el cliente

Por "foco constante en el cliente" nos referimos al alineamiento de intereses tanto del cliente como de la empresa que proporciona el servicio o el producto. Los clientes suelen ser las personas o instituciones que reciben los productos o servicios de la empresa. Sin embargo, el cliente puede ser una entidad con la que interactúas, por ejemplo, accionistas o agencias reguladoras. A veces, las necesidades del cliente pueden estar en conflicto, por ejemplo, servir a la Mafia (como un posible cliente) contradeciría las regulaciones legales. Por tanto, el foco en las necesidades del cliente tiene que ser balanceado.

Puedes argumentar que el foco constante en el cliente es el motor de todos los demás valores porque el foco en el cliente externo parece ser el valor subyacente para ser una empresa *Agile*. Cuando preguntas "por qué", el foco en el cliente es siempre la respuesta. Por ejemplo, si preguntamos, "¿por qué es importante la auto-organización?" o "¿por qué necesitamos transparencia o aprender continuamente?" la respuesta es porque queremos servir a nuestro cliente. Sin embargo, la empresa en si misma es también un cliente. Debe sobrevivir y prosperar sin decir que el negocio principal es hacer dinero (ver Leybourn). Por lo tanto, puedes responder estas preguntas de "por qué", relacionadas con los valores, con la respuesta: "la empresa necesita sobrevivir y prosperar." Aun así, hay una paradoja; en realidad hay dos clientes: la propia empresa y los clientes externos. El truco es sintetizar los intereses de ambos tipos de clientes usando un enfoque de beneficio mutuo (ganar-ganar).

La cita de Jeremy Hope y otros autores que da comienzo a esta Parte proporciona un gran ejemplo de ese enfoque de beneficio mutuo. El sentimiento expresado en esa cita termina tratando a los accionistas, clientes externos y empleados como "lo primero", porque se satisfacen las necesidades de todas las partes. En particular, miramos a la sociocracia para resolver este enigma.

La otra palabra en "foco constante en el cliente" es "constante". En una fábrica tradicional, el cliente hace un pedido y recibe un producto al final del proceso de producción. El valor del foco constante en el cliente requiere un aprendizaje conjunto que lleva a una estrecha relación con el cliente durante todo el proceso, independientemente de la naturaleza del producto o servicio. Esta relación es en ambos sentidos. Por un lado, el cliente recibe entregas frecuentes y regulares (incrementos de producto). Por otro lado, el cliente proporciona *feedback* frecuente y regular, lo que dirige la producción en la dirección adecuada para que el producto satisfaga las necesidades del cliente. Por ejemplo, un fabricante de zapatos permite a sus clientes que diseñen sus propios zapatos *online*. Una escuela en una universidad involucra a sus estudiantes en el funcionamiento de la escuela, así como también a representantes de la industria. Una panadería invita a los clientes a realizar pedidos especiales de los nuevos tipos de pastelería. Y "por supuesto" en el desarrollo de software, el sistema se explora junto al cliente para averiguar conjuntamente la mejor forma de servir a dicho cliente. Antes de entrar en detalle en ver cómo las diferentes corrientes abordan el foco constante en el cliente, exploramos algunos de los retos.

## 5.1 Retos estableciendo el foco en el cliente en toda la empresa

A diferencia del enfoque *Agile*; "Más Allá del Presupuesto", *Open Space* y Sociocracia no establecen un rol que asegure el foco en el cliente. Este rol en *Agile* es denominado como *Product Owner*, y se ha probado su utilidad porque asigna recursos específicos para gestionar el foco, un foco que puede ser más difuso en otros métodos. Sin embargo, la relación del rol de *Product Owner* con el resto de la empresa, a menudo no está clara, y no hay una pauta clara sobre cómo integrar un *Product Owner* interno (un empleado de la empresa) en la organización.

Por ejemplo, una empresa puede decir que tiene foco en el cliente y luego tener revisiones anuales de desempeño de los *Product Owners* que contienen objetivos desarrollados en otras partes de la empresa que no se ajustan a lo que el cliente realmente necesita y son a muy largo plazo. Entonces, los *Product Owners*, no pueden mantener su foco constante en el cliente porque no conseguirán su bonus. Para evitar este resultado, los equipos *Agile* confían en el heroísmo del *Product Owner*. Una mejor estrategia es crear la estructura que elimine el problema.

Otro ejemplo: el *Product Owner* interno está asegurando que el equipo tenga un foco constante en el cliente y entonces, alguien de otra parte de la empresa aparece de repente, afirma su autoridad y socava ese foco en el cliente. Un *Product Owner* puede evitar ese peligro al incluir a estos potenciales disruptores en el proceso de colaboración de los *stakeholders*, de forma que sus preocupaciones puedan ser tenidas en cuenta junto con otras perspectivas. Sin embargo, otra vez, una estructura a lo largo de toda la empresa eliminaría la necesidad de que un *Product Owner* sea un "estratega político inteligente".

Entonces, una pregunta clave es ¿podemos preservar los aspectos valiosos de la función del *Product Owner* y emplear métodos de las otras tres corrientes para superar los retos inherentes?

## 5.2 Perspectivas desde las diferentes corrientes

Recurrimos a las otras corrientes para obtener información sobre cómo integrar la función de *Product Owner* en la estructura de la empresa de forma que se incorpore el foco constante en el cliente. La Sociocracia, por ejemplo, tiene algunas contribuciones únicas para el asunto del foco en el cliente y el rol de los accionistas. Recurrimos a *Agile* para explorar el amplio conjunto de herramientas enfocadas en el cliente que hemos desarrollado, en parte, debido a la existencia de un rol explicito de *Product Owner*.

## Más allá del presupuesto

"Más allá del presupuesto" reconoce tres propósitos presupuestarios separados y los trata de forma diferente:

- Establecimiento de objetivos: Un *objetivo* es lo que queremos que suceda, reflejando nuestras ambiciones.
- Previsión: Una *previsión* es lo que creemos que sucederá, nos guste o no lo que veamos.
- Asignación de recursos: la *asignación de recursos* se trata de lo que se necesita para que esto suceda, se trata de optimizar la escasez de recursos.

En un presupuesto convencional, estos tres propósitos diferentes, generalmente son abordados en un proceso que da como resultado un conjunto de números: el presupuesto. Sin embargo, este enfoque a menudo genera conflictos. Por ejemplo, cuando se le pide a alguien que haga una previsión de ventas, a menudo reduce su previsión para asegurarse de que el número final es algo que ellos saben que alcanzarán o superarán. Otro ejemplo es una previsión de costes que hace un director de área, quien sabe que es la única oportunidad para tener acceso a los recursos para el próximo año. Todos sabemos lo que sucede: juegos, protegerse los golpes con sacos de arena, regateos, y por supuesto, previsiones sesgadas como se discutió en el Capítulo 2.

Tales conflictos se pueden resolver separando los tres propósitos en tres procesos diferentes, permitiendo que cada uno opere con distintos números y se ejecute de formas diferentes. La siguiente lista explora estos conceptos más a fondo:

- Objetivos relativos: deben reflejar nuestras ambiciones, pero, cuando sea posible, evita los objetivos absolutos; en cambio, los objetivos deben estar relacionados al rendimiento de los competidores u otros con los que podamos compararnos. Bjarte Bogsnes, presidente de *"Beyond Budgeting Institute"*, detalla, "El propósito de dichos objetivos debería ser principalmente el aprendizaje (especialmente internamente), con un suave impulso al buen rendimiento como un efecto colateral positivo. A nadie le gusta quedarse rezagado. También puede tratarse de niveles de ambición a medio plazo, a veces expresados como un rango, etc. Algunas organizaciones van más allá y se saltan los objetivos. Encuentran otras formas de establecer niveles de ambición y evaluar el desempeño".

- Previsión continua: esta estrategia es una forma de mejorar la previsión estimando lo que se avecina y lo que debe ajustarse. Para hacer una previsión continua, preguntamos frecuentemente ¿cómo lo estamos haciendo?, ¿cómo son las condiciones del mercado? y ¿hacia dónde es probable que se dirijan?, ¿cuáles son las implicaciones para nosotros?. Tal y como informa Bjarte Bogsnes a partir de su experiencia: "Una previsión continua generalmente se actualiza cada trimestre, siempre mirando, por ejemplo, a cinco trimestres vista. Algunos, como Norwegian Equinor, optan por una previsión dinámica, impulsada por eventos, sin una frecuencia ni horizonte temporal predefinida. El personal de línea actualiza sus propias previsiones cuando sucede algo que ellos creen que justifica una actualización de la previsión. Con una base de datos compartida de previsiones, cualquiera puede acceder a la última información actualizada cuando sea necesario".

  - Nota: una previsión continua no es un "presupuesto continuo" que sirve a los otros dos propósitos presupuestarios, establecimiento de objetivos y asignación de recursos. Estos son manejados en procesos separados como se describe arriba y también a continuación.

- Asignación dinámica de recursos: significa "entrega continua" de recursos. Bjarte Bogsnes explica: "La clave es evitar la asignación de recursos al presupuesto anual detallado porque el presupuesto anual es un 'bloque' demasiado grande de decisiones. En su lugar, se aplica una entrega más continua, donde las decisiones son hechas *en el momento oportuno y en el nivel adecuado*. Esto quiere decir tan tarde como sea posible, asegurando tener mejor información, no sólo acerca del proyecto o la actividad sobre la que decidir, sino también sobre la capacidad de ejecutar. Esta información proviene de la última previsión disponible. 'En el nivel adecuado' significa lo más lejos posible de la organización. Para costes operativos con menos puntos de decisión distintos, se pueden utilizar diversas herramientas alternativas de gestión de costes, desde una visión global de la tasa de gasto hasta los objetivos de costes unitarios, o unicamente monitorizar la tendencia del coste actual interviniendo sólo cuando sea necesario".

El objetivo, la previsión y la asignación dinámica están estrechamente vinculados a la relación con el cliente. Son habilitadores de lo que estamos produciendo para el cliente y cómo de rápido estamos proporcionando el producto o servicio. Por lo tanto, la pregunta de "qué es lo que mejor sirve a los clientes" está siempre en el centro porque lo que es bueno para el cliente es bueno para la empresa.

"Más allá del presupuesto" también deja muy claro que las evaluaciones de desempeño de los equipos o de las personas tienen un impacto en el foco en el cliente. Las evaluaciones de desempeño deben, por ejemplo, tener en cuenta las condiciones del mercado y los cambios, tales como, las prioridades del cliente o productos de los competidores. Esta es la razón por la que los objetivos, si es posible, se establecen en relación al mercado, a un equipo diferente o al propio desempeño de uno mismo, y no se fijan por un largo periodo de tiempo, ignorando las condiciones cambiantes. Este enfoque aborda el conflicto potencial, mencionado anteriormente, en el cual los objetivos individuales contradicen las necesidades actuales del cliente. Como comenta Bjarte Bogsnes, "Una evaluación holística del desempeño es clave en "Más allá del presupuesto". 'No todo lo que cuenta puede ser contado y no todo que puede ser contado, cuenta'. Cuanto menos relacionados estén los objetivos, más se necesitará la evaluación holística del desempeño. El propósito es reflejar la percepción retrospectiva; viento de frente o viento de cola, niveles de ambición establecidos, los riesgos tomados y la sostenibilidad de los resultados".

La medición del desempeño puede estar basada en KPIs (*Key Performance Indicators*). La "I" de KPI significa indicador y rara vez dice toda la verdad (ver Bogsnes 2017). Tal y como enfatiza Bjarte Bogsnes: "¡No se llaman KPTs, *Key Performance Truth!*". Debemos mirar detrás de los indicaciones antes de poder juzgar realmente el desempeño actual. La evaluación del desempeño no debe tener que ver con incentivos individuales porque el aprendizaje es más importante, especialmente para el éxito de toda la empresa.

"Más allá del presupuesto" refleja la extensa investigación que muestra que, cuando se habla de un trabajo del conocimiento, el propósito, maestría, autonomía y pertenencia son motivadores mucho más efectivos que el dinero. Además, "Más allá del presupuesto" reconoce que el trabajo actual difícilmente puede ser individualizado porque normalmente es un esfuerzo de equipo. Por lo tanto, no se recomiendan los incentivos individuales, ya que a menudo generan conductas no optimizadas. En su lugar, deberían utilizarse esquemas de bonificación comunes impulsados por el éxito compartido.

Finalmente, el difunto Jeremy Hope, uno de los líderes de pensamiento de "Más allá del presupuesto", exploró el concepto estructural de que todo el foco de la empresa debe pasar del coste y el beneficio a un enfoque en el valor entregado al cliente. Este cambio implica la reestructuración de toda la empresa de modo que, en lugar de centros de coste y beneficio, sólo hay centros de valor y equipos de servicios de apoyo, tales como finanzas y marketing (ver Hope). Los equipos de servicios de apoyo no controlan los centros de valor, sino que colaboran con ellos. El foco reside en los centros de valor donde se crea el valor para los clientes. Por ejemplo, Swedish Handelsbanken confía en que cada sucursal atienda al mercado a su manera. La única expectativa central para las sucursales es que juzguen qué es lo mejor para el cliente.

## *Open Space*

Las reuniones periódicas de *Open Space* pueden ayudar a *Agile*, "Más allá del presupuesto" y Sociocracia durante los momentos de revisión y ajuste para centrarse en el cliente. Además, los temas tratados en las reuniones de *Open Space* suelen centrarse en el cliente. Sin embargo, el foco en el cliente no es un pre-requisito; el *Open Space* puede ser usado sólo como técnica de facilitación y no ofrece pautas específicas que garanticen el foco constante en el cliente.

Sin embargo, algunas empresas como *Valve Corporation* están usando *Open Space* para organizarse (ver Valve). Usado de esta forma, el *Open Space* Organizacional aporta una contribución única y significativa: Pasión. Es común escuchar a los gerentes preguntarse, "¿Cómo podemos conseguir para el trabajo de la empresa el mismo entusiasmo que vemos en proyectos voluntarios?". Sin el *Open Space* Organizacional esos gerentes podrían estar realmente buscando ese entusiasmo con sus propias ideas. Sin embargo, como gerente, no necesitas preocuparte por el entusiasmo, porque a la gente, de forma natural, le importa que su trabajo sea valioso y significativo. El *Open Space* Organizacional les permite conseguirlo directamente como equipo. Con el enfoque de la pasión, el *Open Space* Organizacional habilita el "Nuevo Trabajo", es decir, hacer el trabajo que una persona *realmente quiere* (ver Bergman).

En un enfoque similar como es *Open Source* se observa esta

pasión, limitada por la responsabilidad. Por ejemplo, cuando Linus Thorvald decidió que quería un sistema operativo mejor, comenzó a desarrollar Linux y anunció lo que estaba haciendo. Mucha gente se ofreció voluntariamente a ayudar. En general, en una empresa que use el *Open Space* Organizacional, si un empleado descubre una necesidad no cubierta de un cliente, se dirige a la empresa y propone abordar esa necesidad, si hay suficiente gente para trabajar en ella, ellos se organizarán para proporcionar el correspondiente producto o servicio. No se necesita tener primero permiso.

Otra forma de asegurar un foco constante en el cliente con el *Open Space* Organizacional es invitando a los clientes a colaborar en el diseño de nuevos productos. Por lo tanto, el *Open Space* Organizacional ofrece una forma única de combinar el foco en el cliente, el surgimiento de nuevas ideas y la pasión, delimitada por la responsabilidad.

Hay que tener en cuenta que hay una serie de técnicas con una jerga que puede resultar confusa. Suenan similares entre sí, pero son bastante diferentes. Por ejemplo, lo siguiente no debe confundirse con el *Open Space* Organizacional: - *Open Space* es usado para la facilitación de diferentes eventos por muchas empresas que están en una transición *Agile*. Por ejemplo, "*Open Space Agility*" es un enfoque para implementar *Agile* que requiere de eventos de *Open Space* frecuentes para apoyar la transición *Agile* (ver Daniel Mezick et.al). - "Estructuras Liberadoras" ofrece diferentes técnicas de facilitación (entre ellas el *Open Space*) que pueden ser usadas para diferentes eventos, sean *Agile* o no (ver Lipmanowicz & McCandless). - "*Open Plan*", a veces denominada como oficina en espacio abierto. *Open Plan* es el diseño interior de oficinas en las que la gente tiene espacio para colaborar en diferentes áreas. El espacio es abierto (no hay cubículos) y a menudo, la gente no tiene asignada una mesa, sino que trabaja en el lugar que mejor se adecua a su tarea actual.

En resumen, el *Open Space* Organizacional no trata de facilitar una reunión, sino de usar los principios del *Open Space* en una organización. Dado que *Open Space* usa estos principios para facilitar un evento, el *Open Space* Organizacional usa estos principios como estrategia para aprovechar el potencial innovador de todo el mundo que trabaja para la organización.

Al decidir "usar *Open Space* en todo momento", estás entrando en un enfoque de gestión avanzado que amplía la responsabilidad de gestionar la innovación a todos los empleados. La innovación ya no sólo se basa en asignaciones mediante descripciones de puestos, con unas pocas personas "innovadoras" (como el departamento de I+D) o con eventos específicos como *Think Tanks*. La innovación pasa todo el tiempo y por todo el mundo.

## Sociocracia

Al igual que con *Agile* y "Más allá del presupuesto", Sociocracia enfatiza en el foco en el cliente a través de su concepto clave de objetivo común. Trata el foco en el cliente como un sistema y su formulación abstracta ayuda a aplicar el concepto en toda la empresa. Su formulación es útil para abordar el conflicto aparente entre los accionistas y el foco en el cliente mencionado en el Capítulo 1.

### Objetivo común

La Sociocracia afirma que el "objetivo común", el cual incorpora el foco en el cliente, es la fuerza que une a un equipo y lo induce a organizarse. Un objetivo es "un producto o servicio, diferenciado de otros productos o servicios, que el cliente entiende y desea". Es la base del intercambio con el cliente." El equipo genera productos o servicios al cliente, y a cambio, recibe *feedback* del cliente en forma de dinero, otros productos y servicios y/o expresiones de aceptación no cuantitativas.

El "objetivo" es el resultado del equipo deseado por su cliente y, a partir de este resultado, podemos aplicar ingeniera inversa a los procesos de ventas, producción y entrega, necesarios para crear el resultado. Los siguientes diagramas ilustran este concepto y, por casualidad, están estrechamente relacionados con la formulación establecida en el estándar de Calidad ISO-9000 (ver ISO9000)

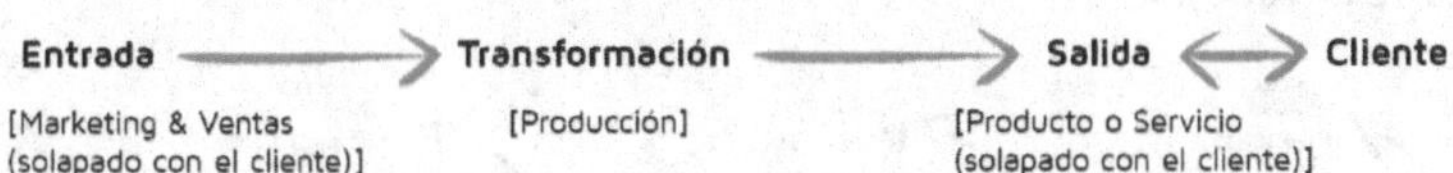


**Proceso de actividad lineal: De Marketing a Producción y a Entrega/Aceptación del cliente**

En este proceso lineal, añadimos (a) ciclos cerrados de *feedback* para el control del proceso y (b) una relación de *feedback* abierto con el cliente. Este patrón en Sociocracia es, bajo la diferente terminología usada típicamente en los métodos *Agile*, el mismo patrón fundamental. La clave es tener muy claro que debes hacer todo esfuerzo posible, no sólo para obtener *feedback* del cliente, sino también para anticiparse a la evolución o incluso a la revolución de las necesidades del cliente.

El *feedback* es un flujo de información que va de vuelta al origen, un proceso causal circular en el que la salida de un sistema es retornado a su entrada (ver Krippendorff). Para facilitar la lectura, Sociocracia traduce "entrada", "otro sistema" y "salida" como "Liderar, Hacer, Medir". Hay muchas convenciones diferentes de terminología para describir los ciclos de *feedback*. Por ejemplo, el ciclo de *Deming* es "Planificar, Hacer, Comprobar, Actuar" y la versión *Agile* es "Planificar, Hacer, Inspeccionar, Adaptar". La versión *Agile* incorpora el aprendizaje en el ciclo mediante la palabra "inspeccionar". Sociocracia incorpora el aprendizaje en un proceso separado, pero relacionado, al que llama "desarrollo", el proceso de un despliegue sistemático de la estructura de un sistema (ver nuevamente Krippendorff).

El *feedback* es un patrón fundamental. Significa que para cada paso en tu proceso de producción debe haber un ciclo de *feedback* que lleva a desarrollar políticas, procedimientos e instrucciones de trabajo formales o informales y que también mida la efectividad de esas políticas y procedimientos. Cuando esos ciclos tienen lugar el resultado es estabilidad y alta calidad. Por ejemplo, este diagrama resume el concepto del estándar internacional de calidad ISO 9000 (ver ISO 9000).

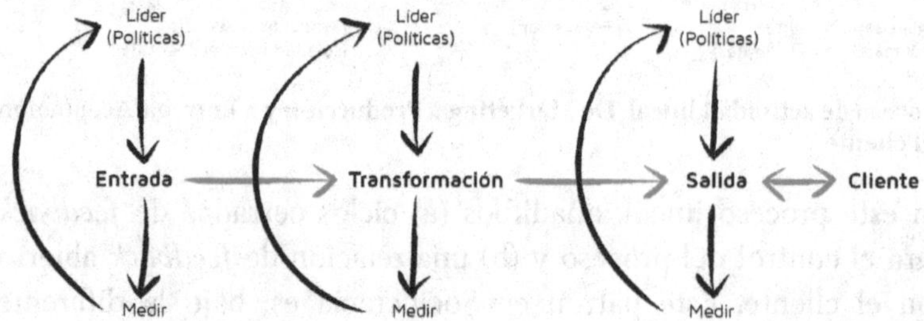


Proceso de ejecución lineal guiado por ciclos de *feedback*

Es este diagrama las flechas muestran que los resultados medidos son considerados y no ignorados por los líderes. Después ellos hacen ajustes basados en las medidas.

## Relación con los propietarios

Si extendemos este diagrama un paso mas allá a nivel de toda la empresa, vemos que debemos tratar a los accionistas como una de las muchas voces equivalentes en el control de la empresa. Para establecer esta equivalencia, Sociocracia trata la inversión del dinero aportado por los accionistas/inversores como trabajo condensado. Todo el mundo en el sistema son tanto trabajadores como emprendedores. Además, dado que los accionistas están incluidos en los ciclos de *feedback*, deben prestarle atención. El *feedback* no funciona si escuchas algunas veces pero otras no. Que los accionistas sean parte del *feedback* significa que consienten unirse a un sistema que piensa en conjunto. Ellos "reconfiguran" su poder para crear un sistema que piensa de forma más inteligente. Entre otras cosas, los accionistas juegan un rol crítico asegurando la viabilidad financiera; son un mecanismo claro que supervisa y dirige la escasez de recursos.

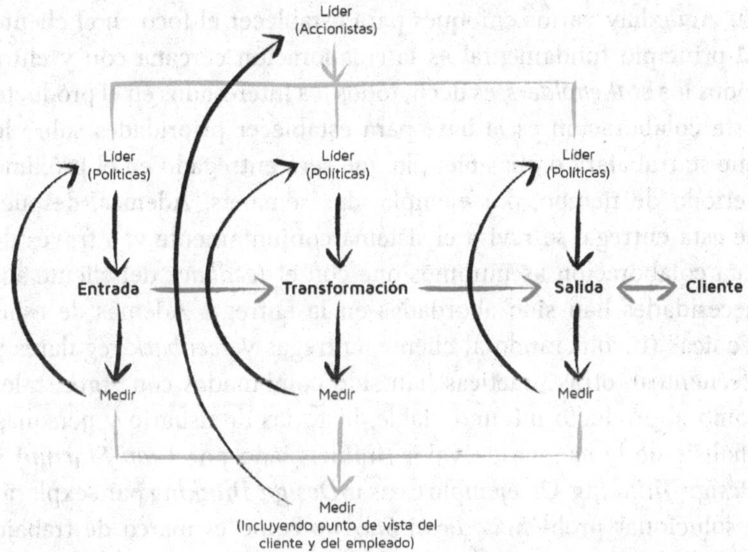



**Ciclos de *feedback* con múltiples niveles incluyendo accionistas y otros *Stakeholders***

La clave es tener muy claro que debes hacer todo lo posible, no sólo para obtener el *feedback* del cliente, sino para anticipar cambios en sus necesidades. La forma en la que Sociocracia asegura que hay un foco compartido es usar el *doble enlace*, tratado anteriormente en la sección Auto-Organización. La formulación genérica usada por Sociocracia deja claro que incluso los accionistas deben compartir ese foco. Una empresa *Agile* necesita un nuevo estilo de dirección y estructura legal y estatutos que apoyen la nueva configuración (ver Buck & Villines). Con toda la empresa organizada en torno al foco en el cliente, nadie puede manifestar de forma repentina una autoridad que socave el enfoque en el cliente.

## *Agile*

En *Agile* hay varios enfoques para establecer el foco en el cliente. El principio fundamental es la colaboración cercana con y entre todos los *stakeholders*, es decir, todos los interesados en el producto. Esta colaboración es la base para establecer prioridades sobre lo que se trabajará o, más bien, lo que será entregado en el próximo periodo de tiempo, por ejemplo, dos semanas. Además, después de esta entrega, se revisa el sistema conjuntamente y, a través de esta colaboración aseguramos que con el *feedback* del cliente sus necesidades han sido abordadas en la entrega. Además de estas técnicas (involucrando al cliente, entregas y *feedback* regulares y frecuentes), otras prácticas han sido combinadas con *Agile*, tales como el producto mínimo viable, historias de usuario y personas, análisis de la cadena de valor (influenciado por *Lean Startup*) y *Design Thinking*. Un ejemplo es usar *Design Thinking* para explorar y solucionar problemas, *Lean Startup* como el marco de trabajo para probar esas creencias y *Agile* para adaptarse a las condiciones cambiantes (ver Schneider).

Ahora analizaremos estas otras prácticas.

### Mínimo Producto Viable influenciado por *Lean Startup*

Con *Agile* el enfoque del desarrollo cambia completamente. Mientras que en un enfoque lineal, a menudo llamado en cascada, el foco suele estar en lograr los hitos, en *Agile* se trata de cumplir con las necesidades de los clientes. Por ejemplo, en un proyecto de software en cascada, el equipo trabajaría primero en analizar todos los requisitos, lo que significa que durante un largo tiempo no se puede presentar nada al cliente y, por lo tanto, es difícil recibir *feedback* valioso. Sin embargo, un proyecto *Agile* se basa en obtener e incorporar *feedback*, por lo que el proceso es "no lineal". El equipo entrega valor al cliente rápido y frecuentemente para obtener ese *feedback* y aprender. La entrega frecuente significa que un equipo

*Agile* comienza a construir una pequeña "rebanada" (*slice*) de todo el sistema, el cual todavía aporta valor al cliente y ellos pueden proporcionar *feedback* de forma temprana. Desde el enfoque de *Lean Startup* esta pequeña porción es denominada como Producto Mínimo Viable (MVP - *Minimun Viable Product*), que es el producto más pequeño que se puede pensar y que se discute con el cliente para obtener *feedback* (ver Ries). Posteriormente, esta porción será ampliada hasta que el sistema cubra todo lo que necesita el cliente.

## Historias de usuario y Personas

En un proyecto en cascada los requisitos estarían expresados en una forma casi técnica asegurando que los diferentes estados del sistema estén bien articulados. Sin embargo, en *Agile* los requisitos son expresados como historias de usuario, que son escenarios que cubren cómo un usuario trabajará con el sistema. Este enfoque está basado en la perspectiva de que las narrativas son más ricas que los requisitos formales y, por lo tanto, transmiten mejor lo que solicita el cliente.

Para cubrir las necesidades de diferentes usuarios, el equipo, el *Product Owner* y especialistas de investigación de usuarios crean el tan llamado "personas" (más adelante en *Design Thinking* se verá más sobre "personas"), que es una representación de cada usuario específico. Las "personas" son usadas entonces para crear las historias de usuario.

## Análisis de la cadena de valor influenciado por el desarrollo *Lean*

Para lograr el foco en el cliente, toda la organización tiene que tener una idea clara acerca de cómo se genera realmente valor para el cliente. Esto significa que en todos los equipos, departamentos, roles y jerarquías debe haber un claro entendimiento acerca de qué tipo de acciones, procesos y colaboraciones apoyan o dificultan la creación de valor. Una herramienta muy útil para lograr este entendimiento es el análisis de la cadena de valor, lo que significa el crear una línea de visualización de lo que está sucediendo dentro de la empresa, desde la primera idea para ayudar al cliente (esto también puede estar provocado por una solicitud del cliente) hasta que la entrega está en manos del cliente. El siguiente diagrama muestra una cadena de valor típica para una empresa que recibe una petición de un cliente. Es aplicable a todo tipo de solicitudes de clientes.

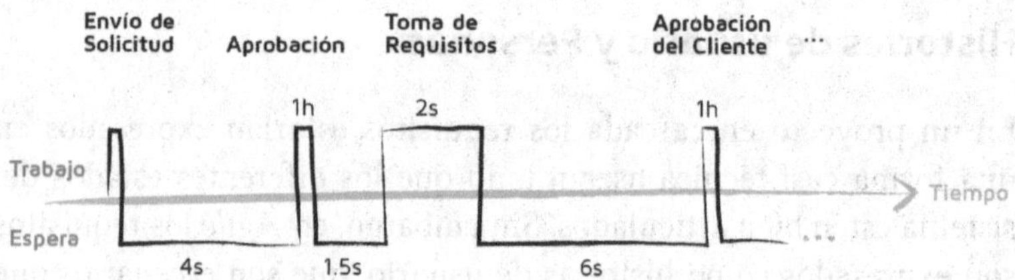


Ejemplo de análisis de la cadena de valor

La línea muestra el tiempo en el que la gente trabaja en una solicitud y el tiempo en el que no se está haciendo nada, el tan llamado tiempo de espera. El uso del análisis de la cadena de valor le da a la empresa un entendimiento de cómo se está creando realmente el valor para el cliente. Dicho análisis también hace transparente dónde se están creando los costes de retraso y, por lo tanto, dónde deben reducirse los tiempos para mantener el foco en el cliente (ver Reinertsen y Rothman & Eckstein). Por tanto, este análisis muestra dónde y cuándo no se está generando valor, pero se pierde tiempo. Si una empresa quiere poner foco en el cliente, primero necesita crear un entendimiento acerca del coste del retraso, visualizarlo con el análisis de la cadena de valor y después buscar formas de eliminar los tiempos de espera para acelerar el tiempo de trabajo.

## Design Thinking

*Design Thinking* está basado en interacciones frecuentes con el usuario final, especialmente a través de *feedback* y entrevistas, para aprender más sobre preferencias, experiencias y emociones específicas. El proceso completo se centra en "personas", modelos de usuarios concretos con características y comportamientos concretos, que ayuda a entender cómo la nueva idea mejorará la vida del usuario final. Para desarrollar un entendimiento completo sobre las necesidades y la motivación de estas personas, un equipo multidisciplinar aporta diferentes perspectivas a todos los pasos del proceso de *Design Thinking*. Estos pasos son mostrados en la siguiente figura.[1]

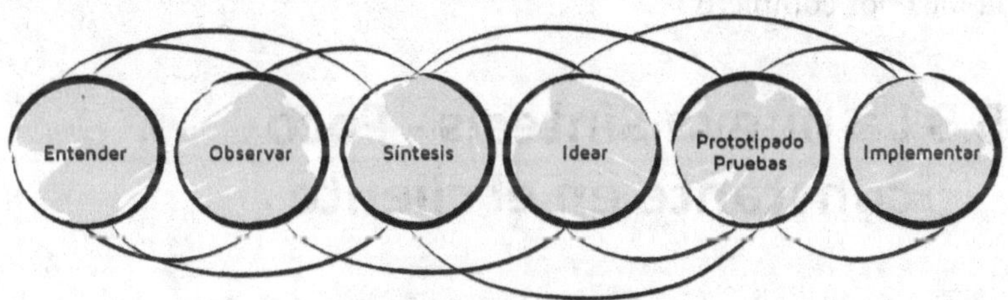


Proceso de *Design Thinking*

Tal y como se ve en la figura superior, el proceso es iterativo; por tanto, las líneas indican un movimiento iterativo en ambas direcciones. Los pasos incluyen:

- Entender: las necesidades y motivación del usuario final.
- Observar: cómo los usuarios finales están trabajando en el campo específico, que podría centrarse, por ejemplo, en cómo lidian con un producto o cómo proporcionan un servicio.
- Síntesis: crear un entendimiento común por un equipo de diseño multifuncional desde perspectivas multidisciplinares (de entendimiento y observación).
- Idear: usar la síntesis desarrollada en el paso anterior para crear diferentes ideas que tengan la oportunidad de mejorar

---

[1]Licenciado bajo *Commons Attribution-ShareAlike 4.0 International*: El proceso de *Design Thinking*, en referencia a Anja Wölbling, Kira Krämer, Clemens N. Buss, Katrin Dribbisch, Peter LoBue, and Abraham Taherivand 2012. "Design Thinking: An Innovative Concept for Developing User-Centered Software," en *Software for People*, Mädche, Alexander (eds.), Berlin: Springer, pp. 121ff.

la vida de los usuarios finales.

- Prototipado / Pruebas: prueba las ideas (lo que es comparable al MVP - Producto Mínimo Viable).
- Implementar: pon en producción las ideas que superen las pruebas correctamente.

La iteración es profunda. Por ejemplo, incluso después de un paso tardío como el prototipado, se puede aprender más acerca de las necesidades del usuario con la observación, lo que podría cambiar la idea por completo.

# 5.3 La nueva Síntesis - Foco constante en el cliente

Se han explorado tres formas de representar el flujo de trabajo (análisis de la cadena de valor, flujo de trabajo de Sociocracia y el proceso de *Design Thinking*). Dicho flujo de trabajo depende de un sistema de ciclos de *feedback* que permiten el foco constante en el cliente, adaptándose continuamente a sus necesidades. Parece que merece la pena utilizar estas fórmulas de representación para analizar tu organización y asegurar que estás en sintonía con tu cliente. Cada representación debe describir el patrón fundamental de producción. El lenguaje empleado para articular este patrón necesita adaptarse a las circunstancias individuales de la organización y sus clientes. *Agile*, Sociocracia y *Design Thinking* ofrecen tres vocabularios diferentes. Es importante ser consciente de los patrones subyacentes y no identificarlos con un vocabulario particular.

Sin embargo, todas las corrientes dicen:

"Organízate para servir a tu cliente. Organiza cada aspecto de la empresa alrededor de la coordinación de los servicios que se ofrecen a cualquier cliente. El tipo de trabajo y la conveniencia para el cliente deben impulsar la revisión y reasignación de recursos, no el calendario".

Cada corriente contribuye desde una perspectiva diferente, que combinadas, dan resultado a la siguiente síntesis:

- Asegura que el foco en el cliente es el objetivo, que sea la razón por las que las personas trabajan juntas como un equipo.
  - Usa un equipo multifuncional para que se entienda el foco en el cliente desde todos los ángulos (diferentes perspectivas).
  - Permite que las personas que trabajan juntas sigan su pasión haciendo el trabajo que les importa y deleitando a sus clientes. Es decir, se organizan para honrar la pasión limitada por la responsabilidad.
- Establece una relación bidireccional con tu cliente. **Asegúrate de que el cliente pueda aprender con las entregas** y que la empresa pueda aprender del cliente, que aprendan ambos a través del proceso productivo.
  - Observa y comprende las necesidades del usuario final. Usa el concepto de "personas" para asegurar este entendimiento.
  - Crea escenarios, o más bien, historias de usuario para comprender como el producto o servicio ayudará a resolver los problemas del usuario final.
  - Usa un MVP, un producto mínimo viable, para probar sobre el terreno.
  - Asegúrate de obtener *feedback* temprano y de forma frecuente de tu cliente, para así construir lo correcto, esto quiere decir iterar, iterar e iterar otra vez.
  - Considera el nombrar a un Product Owner para mantener la relación bidireccional.

- Asegúrate que la forma de abordar el presupuesto sea flexible hacia las necesidades del cliente y el mercado. No fijes el presupuesto a largo plazo por adelantado; haz que el presupuesto se adapte al foco en el cliente.

  - Elimina desperdicios suprimiendo (o al menos reduciendo) las actividades y procesos que no se centran en el cliente y que se han descubierto en el análisis de la cadena de valor. Es decir, no hagas esperar al cliente.

  - Establece revisiones de desempeño, objetivos individuales e incentivos alineados con el foco en el cliente, incluyendo miembros del consejo de administración y el equipo directivo. El proceso consiste en realizar las revisiones de desempeño sobre objetivos e incentivos que se centren en el cliente.

-Permite que la junta directiva esté abierta al *feedback* y a ser medidos por el cliente - La estructura consiste en tener representantes de los trabajadores que sirven a miembros de pleno derecho de la junta (representante de doble enlace), así como representantes externos que tienen diferentes perspectivas sobre el cliente. - Un proceso consiste en incluir el *feedback* del cliente en cada reunión de la junta. - Establecer un control de la empresa por parte de múltiples *stakeholders*. Aborda este problema proporcionando una estructura legal específica para establecer un entorno de múltiples *stakeholders* - Los departamentos que proporcionan soporte a otros que sirven directamente al cliente deben colaborar y no controlarse entre sí.

# 6. Aprendizaje continuo

El creador de las retrospectivas, Norm Kerth aclaró que (ver Kerth, 2001, p. 5):

> "Los rituales de retrospectiva son algo más que una simple revisión del pasado. Proporcionan una oportunidad para mirar hacia adelante, trazar el próximo proyecto y planificar explícitamente lo que se abordará de forma diferente la próxima vez". – Norm Kerth

Por "aprendizaje continuo" nos referimos al constante crecimiento de las habilidades, destrezas y conocimientos personales y colectivas a través de, por ejemplo: inspeccionar, experimentar, enseñar, dar y recibir *feedback*, reflexionar, trabajar, colaborar, leer, formación y enseñanza reglada.

En el Capítulo 2 hemos dicho que una organización necesita *feedback* frecuente para permitir el aprendizaje continuo de todos. En los métodos *Agile* establecidos, un equipo descubre en una retrospectiva lo que necesita aprender, analizando su rendimiento hasta la fecha y anticipando lo que necesita hacer a continuación para servir a su cliente. Desde cualquier punto de vista, se obtiene información que dice, "organiza un proceso de aprendizaje y desarrollo de las siguientes formas..." así, por ejemplo, al establecer retrospectivas regulares, no sólo a nivel de equipo, sino también en todos los niveles jerárquicos y roles, proporcionan la base para el desarrollo y aprendizaje organizacional. De esta manera, una retrospectiva ayuda a una empresa a aprender acerca de su forma de trabajar y hacer ajustes para prosperar.

# 6.1 Retos para el aprendizaje continuo

La idea de aprendizaje continuo, aunque es noble, se olvida fácilmente. Cuando las empresas están sometidas a estrés, siempre existe la tentación de reducir el presupuesto de formación: "Cancela ese curso al que iba a asistir tal y tal porque tenemos que cubrir la nómina". Este punto de vista, claramente ve el aprendizaje como de menor prioridad que otros temas. ¡Y equipara el aprendizaje con sólo ir a cursos!. Además, cuando hay estrés, una de las primeras actividades que se cancelan puede ser la realización de retrospectivas.

El *Agile Fluency Model* se basa exactamente en lo que está sucediendo bajo presión (ver AgileFluency). Por lo tanto, según el modelo, sólo actúas con soltura si te adhieres a sus principios incluso bajo situaciones de estrés, por ejemplo, un equipo que domina el foco en el valor continuará haciendo retrospectivas incluso si está bajo presión. Por lo tanto, cancelar las retrospectivas debido a situaciones de estrés o cambio de prioridades quiere decir que el equipo (o la empresa) no domina en poner el foco en el valor. Algo parecido sucede si un equipo sólo se centra en crear nuevas funcionalidades, lo que quiere decir que no hay tiempo para refactorizar. Refactorizar básicamente significa "limpiar" el sistema y asegurar que todavía permite añadir nuevas funcionalidades rápidamente. Así que, centrándose sólo en añadir nuevas funcionalidades e ignorar la refactorización, los equipos pierden la posibilidad de añadir nuevas cosas, lo que quiere decir, que el aprendizaje que ha tenido lugar a lo largo de tiempo no se ha aplicado en el sistema (como se hubiera hecho con la refactorización).

En el libro *Exponential Organizations*, Salim Ismail y sus compañeros apuntan que para que una empresa tenga éxito hoy, la tasa de aprendizaje es más importante que el retorno de la inversión porque la tasa de aprendizaje proporciona ese retorno (ver Ismail y otros).

Además, según estos autores, los empleados sienten la alta tasa de aprendizaje como una compensación superior.

Al principio del uso de *Agile*, muchos grupos comenzaron a usar la idea de "gold card" (ver GoldCard). Si un miembro de un equipo de software cogía la *Gold Card* del *backlog* del *sprint*, ese miembro del equipo estaba anunciando que estaban haciendo algún tipo de investigación de forma temporal y no trabajando directamente en los objetivos del *sprint*. El coger la *Gold Card* obliga a su poseedor a informar lo que ha aprendido. Sin embargo, nuestra experiencia es que hoy en día mucha gente desconoce esta herramienta. Pueden tener la impresión de que *Agile* evita la innovación al estar todo el mundo enfocado en el objetivo, sin dejar espacio para la innovación. El concepto de *Gold Card* tiene muchos nombres y variantes. Por ejemplo, Google usa el término de la regla del 20%, mediante la cual los empleados pueden usar un 20% de su tiempo cada semana para explorar nuevas ideas.

De forma parecida, la literatura de Sociocracia reconoce el concepto de "desarrollo", queriendo decir aprendizaje, enseñanza e investigación relacionada con el objetivo. Algunas organizaciones sociocráticas intentan reservar al menos un 5% del tiempo de trabajo para el desarrollo. Sin embargo, una vez más, a menudo no hay una práctica establecida que resista con éxito la tentación de posponer el desarrollo sobre el foco intenso en las actividades del presente durante las crisis. Por otro lado, el hacer investigación durante las crisis puede ser crítico. Por ejemplo, una pequeña empresa de plásticos, durante la reciente y profunda recesión encontró formas de reducir su tasa de residuos al mismo tiempo que reducía la mano de obra. La capacidad resultante para reducir los precios fue un factor crítico para su supervivencia.

# 6.2 Perspectivas de las diferentes corrientes

Las cuatro corrientes enfatizan en el aprendizaje continuo desde diferentes perspectivas. En esta sección recurrimos a otras perspectivas, incluyendo *Lean Startup, Human Systems Dynamics*, el método científico, la búsqueda del profesionalismo y el aprendizaje adulto.

## "Más allá del presupuesto"

*"Principio 11: Evaluación de desempeño - Evalúa el desempeño holísticamente y con feedback de compañeros para fomentar el aprendizaje y el desarrollo; que no esté basado sólo en métricas y no sólo para recompensas"*. A menudo, las evaluaciones de desempeño son una clase de juicio; ahora "Más allá del presupuesto" hace que sea una oportunidad de aprender de forma conjunta. Por lo tanto, en lugar de que un supervisor juzgue el comportamiento y resultados de un empleado, este organiza el *feedback* de compañeros para ayudar al empleado a mejorar. Además, este *feedback* quiere reconocer todas las contribuciones que este empleado hace a la empresa y no sólo a una parte que ha sido definida de antemano en los objetivos individuales. Hoy en día, las personas no resuelven los problemas por si mismas, sino que dependen de la colaboración. Por lo tanto, la evaluación del desempeño tiene que tener en cuenta, tanto la búsqueda como el brindar apoyo a los compañeros.

De forma adicional, "Más allá del presupuesto" sugiere separar el bonus de los objetivos individuales. La razón es que hoy en día casi no hay ningún tipo de trabajo que pueda ser realizado por una sola persona. Casi todo trabajo requiere la colaboración de otros. Por lo tanto, no hay un logro único y entonces tampoco un bonus individual.

## *Open Space*

La ley de la movilidad quiere decir que en cualquier momento que notes que no estás aprendiendo o contribuyendo (al aprendizaje de otros), debes ir a un lugar diferente donde puedas maximizar tu propio aprendizaje y contribución. Para una empresa que usa el *Open Space* Organizacional esta ley puede tener la consecuencia de que no se crearán productos (o no comenzarán proyectos), si no hay una sola persona que sienta que puede aprender algo y pueda contribuir al aprendizaje de otros mediante la creación de este producto (o proyecto).

El *Open Space* invita a la gente a invertir su tiempo, atención y energía donde consideren que crearán el mayor retorno para ellos mismos, la empresa y el cliente. Esta invitación genera una gran cantidad de información, experiencia, habilidades e ideas que se pueden compartir con costes de transacción más bajos que en organizaciones tradicionales: más flujo y aprendizaje. Los participantes verifican constantemente su experiencia interna, lo que vendrá a continuación y lo que está sucediendo en los grupos, todo en constante cambio. El aprendizaje a veces es complicado y doloroso, especialmente cuando revela conflictos entre los puntos de vista de las personas. El *Open Space*, literalmente proporciona a las personas espacio para moverse, especialmente dentro y fuera de grupos que pueden estar abordando temas desafiantes o provocativos. El entorno novedoso y el alto contenido de información incrementan la conciencia, la cual es un buen comienzo para cualquier tipo de aprendizaje. Tal y como dice Michael Herman desde su experiencia: "Hago una pregunta tratando de aprender, provocar nuevas conversaciones y al final alguien agradece mi contribución que hizo avanzar el trabajo".

## Sociocracia

Desarrollo = aprendizaje (formación), enseñanza, investigaciones relacionadas con tu objetivo. La "Organización que aprende" es una frase muy común, pero es una estrategia parcial. Parece implicar que la empresa puede mantenerse al día en un entorno altamente cambiante simplemente enviando a los empleados a talleres y cursos. Más bien, deberían desarrollar habilidades y nuevas soluciones interactuando con su entorno, no sólo absorbiendo nueva información. Es una experiencia muy habitual el aprender mejor una materia cuando se está enseñándola. A medida que la gente avanza de aprendiz a oficial y a maestro, independientemente del tema, es probable que dediquen más tiempo de formación a mejorar sus habilidades y conocimientos mediante la investigación que recibiendo clases. Este enfoque es comparable a los patrones pedagógicos *tus propias palabras* e *inténtalo por ti mismo* donde se le pide al alumno que explore el contenido educativo enseñándolo y experimentando con él (ver Pedagogical Patterns).

El desarrollo puede deambular en muchas direcciones y la frase "relacionadas con tu objetivo" le da al desarrollo un enfoque. El "objetivo" es, por definición, algo que el cliente entiende y encuentra atractivo. De esta forma, el cliente se convierte en un filtro o piedra angular, de lo que debe tener prioridad en el proceso de desarrollo.

## Agile

"Responder al cambio frente a seguir un plan". Es decir, es más importante aprender e incorporar ese aprendizaje que seguir con una plan que ha sido creado antes de que ocurriera ese aprendizaje. Esto también incluye el estar abierto a fallos. Los fracasos son considerados como oportunidades de aprendizaje y no como disfunciones. Por tanto, el objetivo no es hacerlo bien la primera vez, porque ese objetivo impide el aprendizaje. El objetivo es hacerlo bien a través del aprendizaje incremental, como equipo y junto al cliente. Este comportamiento es reforzado si los jefes también hacen transparentes sus respectivos fallos y aprendizajes.

Además, el último de los doce principios *Agile* enfatiza: "A intervalos regulares, el equipo reflexiona sobre cómo ser más efectivo, es entonces cuando afina y ajusta su comportamiento en consecuencia." (ver AgileManifesto). Este principio es la base de las retrospectivas: al reflexionar sobre lo que ayuda y lo que obstaculiza, el equipo comprende mejor lo que debe cambiarse para que pueda servir al cliente de forma eficaz. Normalmente, la reflexión está basada en los resultados, es decir, en lo que el equipo hizo o no entregó, y en el proceso, es decir, ¿cómo el proceso ayudó o dificultó el proceso de creación del resultado?

# 6.3 Perspectivas adicionales

El aprendizaje es un fenómeno muy complejo. La siguiente sinopsis da una idea de la variedad de conceptos, reflejando la profundidad de la complejidad.

- **Lean Startup** sugiere que la parte de investigación del aprendizaje es un proceso altamente disciplinado. Esto implica que todos los métodos de la ciencia se realizan con énfasis en la publicación y la exploración de la teoría y el concepto. Por ejemplo, la formulación cuidadosa de qué ideas exactamente construir con el objetivo de probarlas en el mercado, después medir la experiencia y finalmente aprender de las mediciones nos lleva al desarrollo de nuevas ideas que tienen que ser construidas y probadas. Este enfoque define un ciclo de experimentación alrededor de una hipótesis y prueba esta suposición, lo que provoca el inicio de de la siguiente hipótesis y ayuda a generar ideas innovadoras todo el tiempo, en lugar de únicamente mejorar lo que ya se tiene. Este movimiento "pivotante" es una "corrección estructurada del rumbo, diseñada para probar una hipótesis fundamental sobre el producto, la estrategia y el motor de crecimiento". (ver Ries)
- **Human Systems Dynamics** se hace eco de esto con su enfoque de "Acción Adaptativa" (ver Eoyang & Holladay). Tal y

como explicamos en el Capítulo 2, este enfoque primero hace la pregunta "Qué" (para entender la situación actual), después "Entonces qué" (para ver que podemos aprender y cuáles son nuestras percepciones), y finalmente "Y ahora qué" (es el próximo paso o acción que queremos tomar y que después de su ejecución conducirá al próximo ciclo, es decir, volver a preguntar "Qué"). Esto se compara con el ciclo de *Lean Startup* de construir ("Ahora Qué"), medir ("Qué") y aprender ("Entonces Qué"). Puedes empezar por cualquier parte, lo más importante es que realmente sea un ciclo cerrado, así que el aprendizaje siempre tiene lugar.

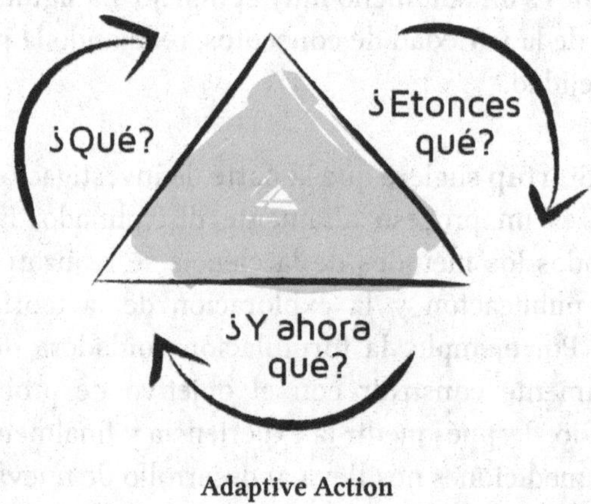


**Adaptive Action**

- El **método científico** es una guía importante para la investigación (ver Garland).
  - Define una pregunta.
  - Recopila información y recursos (observar).
  - Formula una hipótesis explicativa.
  - Prueba la hipótesis realizando un experimento y recopilando datos de manera replicable.
  - Analiza los datos.

- Interpreta los datos y saca conclusiones que sirvan como punto de partida para una nueva hipótesis, es decir, vuelve a una parte anterior del proceso.
- Al mismo tiempo, publica los resultados seguidos de una nueva prueba (realizada a menudo por otros científicos).

Una cosa es hacer experimentación usando, por ejemplo, *Lean Startup*, pero ¿también estás publicando tus resultados para la revisión de tus compañeros? A menudo, animamos a nuestros clientes a presentar en conferencias, escribir informes con su experiencia u otros articulos que les ayuden a entender lo que ha sucedido, que hicieron y cuales fueron las consecuencias. Elaborar una presentación o escribir sobre ello, ayuda a las personas a reflexionar sobre tu aprendizaje y también es una recompensa. Enfatiza lo importante que es socializar con tus compañeros al repetirlo con ellos y, de esta forma, validar tu aprendizaje.

- **Búsqueda de profesionalismo**: basándose en este pensamiento sobre el método científico, Romme señala que hay una desconexión a alargo plazo entre los académicos y los negocios (ver Romme). Romme argumenta que los abogados o doctores necesitan tener una licencia para trabajar en sus profesiones y, aunque el liderazgo es es muchos casos importante (y puede causar también tanto daño), no existe una garantía objetiva de que una persona en una posición de liderazgo sepa lo que está haciendo. A diferencia de otras áreas profesionales, las instituciones académicas no contribuyen particularmente a la investigación de empresas del tipo de *Lean Startup*. A largo plazo, sería positivo reparar esta brecha. Romme indica que si tuviéramos practicas de gestión validadas empíricamente, tendríamos la base para autorizar a los jefes.
- **Aprendizaje Adulto**: Los que teorizan sobre el aprendizaje adulto, afirman que los líderes efectivos lideran mediante el aprendizaje (ver Drago-Severson y otros). Los líderes reúnen a adultos como equipos que apoyan el aprendizaje. No se limi-

tan únicamente a asignar o delegar tareas, sino que ofrecen el apoyo adecuado y presentan desafíos de crecimiento. Promueven la investigación universitaria que supone el reflexionar sobre las suposiciones, valores, creencias y compromisos de uno mismo. Son mentores.

Tal y como también se articula en la teoría del constructivismo, los adultos filtran lo que encuentran a través de su "sistema de creación de significado" (*meaning-making system*), es decir, la forma actual de construir su mundo. Pueden experimentar el aprendizaje continuo a través de este sistema. Sin embargo, el aprendizaje transformador, ocurre a menudo, después de un periodo de caos, cuando hay un cambio cualitativo en este sistema de creación de significado (ver Satir y otros). Normalmente, este cambio permite a la persona tener una perspectiva más amplia y puede cambiar su relación con otras personas. El aprendizaje transformativo tiende a ser discontinuo: un salto repentino en la comprensión. Por lo tanto, el aprendizaje transformador ayuda a todo el mundo a avanzar periodicamente, a menudo a través de la reflexión, mucho más rápido de lo que podrían hacerlo si solo estuvieran aprendiendo continuamente.

## 6.4 La nueva síntesis - Aprendizaje continuo

En todos los casos, se aprende a través de la interacción con tu entorno, un concepto que quizás, está mejor articulado en la literatura académica. Lo que *Agile* y Sociocracia afirman, es que el recipiente que contiene el aprendizaje es el enfoque en el cliente.

Sintetizando diferentes formulaciones, estamos mejor preparados para generalizar el concepto de aprendizaje continuo a lo largo de toda la empresa. El aprendizaje continuo requiere de estructura en los diferentes equipos, roles y jerarquías de forma que:

- Sigue un ritmo regular en el que se crea un espacio para el *feedback*.
  - Define una hipótesis primero, después experimenta en torno a esa hipótesis y aprende de los resultados, que luego alimentan la próxima hipótesis.
- Se centra en el objetivo (foco en el cliente) de la empresa y promueve, no sólo formación, sino también docencia e investigación organizada. La investigación organizada incluye el compartir con tus compañeros o publicar lo que has aprendido, de forma que ellos puedan intentar replicar y validar tus conclusiones.
  - Durante la evaluación de desempeño, relaciona lo que midas con el foco en el cliente y organiza el aprendizaje y desarrollo para la persona, para que así apoye el crecimiento organizacional.
  - Separa los objetivos individuales de la bonificación.
- Se mantiene abierto a caminos de aprendizaje dramáticamente nuevos que pueden emerger espontáneamente al interrumpir las rutinas diarias (por ejemplo, momentos de silencio en una reunión, retrospectivas especialmente cuando estás en momentos de estrés, celebrar un *Open Space* para nuevas ideas).
  - Usa el fallo como una oportunidad de aprendizaje y haz que el aprendizaje sea transparente e independiente de la función en la estructura organizativa.
  - Reflexiona y aprende tanto de los resultados como de las interacciones.

# 7. Una nueva melodía

En este capítulo de cierre de la Parte II damos una visión de la fusión de las cuatro corrientes y nos preguntamos que impacto tiene. Presentamos una nueva perspectiva de organigrama (refiriéndonos al diagrama organizacional) para ilustrar ese impacto. Después repasamos la empresa *Titansoft*, un ejemplo de combinación de las corrientes y finalmente, proporcionamos un resumen de la Parte II.

## 7.1 Un nuevo organigrama

En la Parte II, se observaron varios puntos de vista acerca del control de la empresa. Una perspectiva decía que el consejo de administración es el responsable de la empresa. Otra decía que el centro de valor es el núcleo de la empresa y el cliente es la influencia más dominante. Una tercera perspectiva es que la inspiración y la pasión son realmente el motor de la empresa. También existe la idea de que los equipos de servicios de soporte ejercen un control importante, ya que reflejan las limitaciones legales y de recursos en las que opera la empresa. Ha habido varios intentos en el pasado de reconciliar estas diferentes perspectivas describiendo a las organizaciones como organismos fractales (ver Beer, *Viable Systems Model*). Sin embargo, lo que surgió para nosotros fue algo más. Lo siguiente es una historia de cómo se desarrolló la idea de un nuevo organigrama.

### Vista estática

La figura inferior muestra la perspectiva clásica del consejo de administración de cómo organizar la empresa, una estructura lógica, de arriba hacia abajo y con desglose del trabajo, que muestra a los accionistas, en última instancia, como los que tienen el control. En esta vista estática, el consejo de administración se sienta en un "mirador" y examina su propiedad. Los equipos de servicios de soporte como finanzas o recursos humanos, junto con producción sirven al consejo de administración. Los equipos de servicios de soporte ayudan al consejo a regular la producción. Esta vista estática nos permite extraer conclusiones sobre aspectos de la dinámica de la organización pero, en realidad, no los describe.

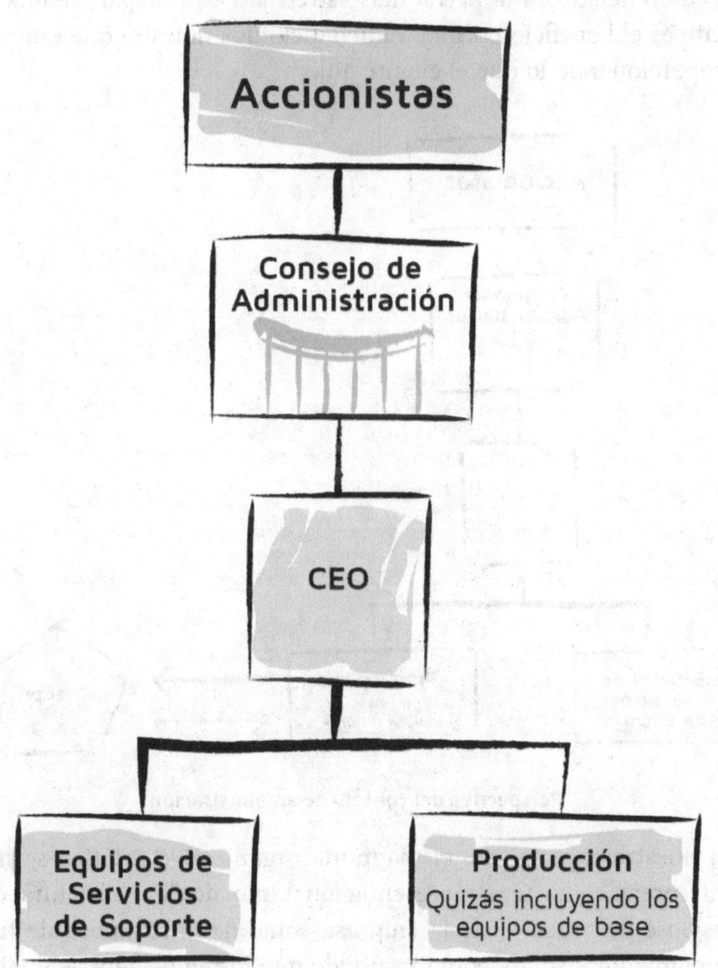


Perspectiva clásica del consejo de administración

Por ejemplo, la figura inferior incluye la dinámica de un área, desde la perspectiva del consejo de administración, mostrando la interacción entre la producción y el cliente externo. Producción busca *feedback* del cliente, pero frecuentemente el foco más predominante está en entregar al cliente y menos en obtener *feedback*, como queda reflejado en la flecha más estrecha. La principal medida de éxito es el beneficio porque "el beneficio nos muestra que estamos proporcionando lo que el cliente quiere".

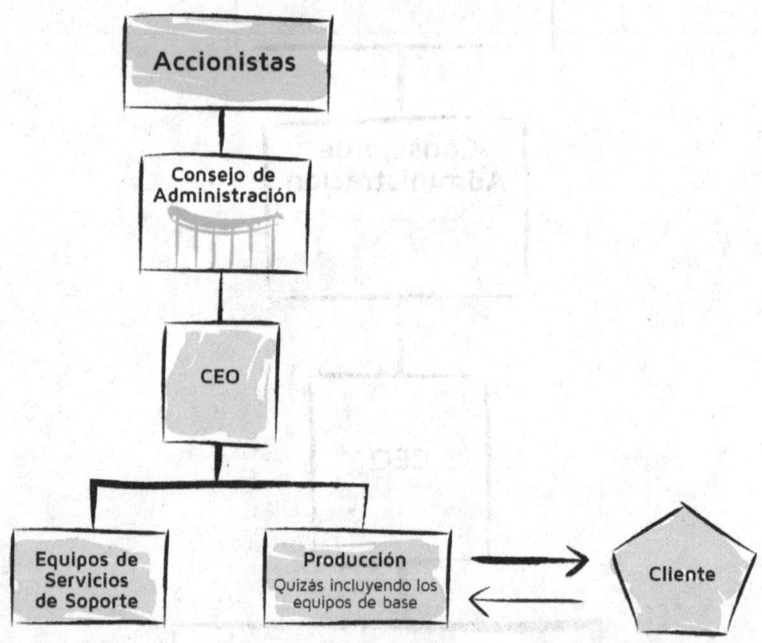


Perspectiva del consejo de administración

En nuestra experiencia, el diagrama organizativo estático se malinterpreta como una representación tanto de "la estructura del desglose del trabajo" de la empresa como de la dinámica de funcionamiento. Esto da como resultado que los empleados se quejen de que "nunca se haría ningún trabajo si trabajáramos sólo de acuerdo al diagrama". Para diferentes procesos o procedimientos, las personas trabajan de forma compleja con diferentes personas y no necesariamente sólo con aquellas con las que se está conectado en el diagrama organizacional. Todavía hay un gran valor en la descripción estática porque muestra agrupaciones (o contenedores) de responsabilidades, habilidades, niveles de abstracción y posiblemente otros factores, tales como la distribución geográfica. Se puede modificar para incorporar *feedback* a través de enlaces dobles tal y como se muestra en el Capítulo 3.

Lo que es necesario son vistas dinámicas y estáticas diferenciadas: - Vistas estáticas de cómo las entidades (por ejemplo, las unidades de negocio, departamentos, equipos individuos,etc.) se agrupan entre sí; - Vistas dinámicas mostrando cómo estas entidades trabajan juntas dependiendo del contexto y la solicitud.

Las estructuras estáticas nutren a las comunidades, pero tales estructuras, per se, no están vivas. Las estructuras estáticas sólo crean el marco para las comunidades, pero la comunidad, sólo cobrará vida con la dinámica. Por ejemplo, la ubicación estática de las casas en un vecindario puede ayudar a las personas a interactuar entre sí, pero a menos que realmente comiencen a hablar, una comunidad de un vecindario no cobrará vida.

## Vista dinámica

Hay gran valor en tener una descripción dinámica porque podemos ver más fácilmente las relaciones de trabajo complejas, los intercambios y los procesos. Para las personas que trabajan en las tecnologías de la información, es casi una segunda naturaleza mirar un programa de software desde ambas perspectivas: estática y dinámica. La perspectiva estática modela las entidades, datos o clases. Por contra, la perspectiva dinámica muestra la funcionalidad; los procesos, típicamente son visualizados en un diagrama de flujo o un diagrama de mensajes y son el modelo para el programa o documento de lo que está sucediendo en el programa. La misma lógica se mantiene para el mundo "real". Por ejemplo, sólo porque asociemos un libro con una estantería en particular ("todos mis libros de detectives están en el lado izquierdo de la balda superior") no quiere decir que esos libros siempre permanezcan en esa estantería. Puedes colocar un libro durante días en el cabecero de tu cama, prestárselo a un amigo o ponerlo en una maleta antes de un viaje. Aún así, desde una perspectiva estática todavía tiene "su lugar" en la estantería.

Karen Stephenson desarrolló la metodología más avanzada de la que somos conscientes para el estudio y representación de la dinámica de una organización. Muestra la vista dinámica de una organización como una red de confianza[1]. Además de la vista estática, la Dr. Stephenson descubre las dinámicas y las hace transparentes, por ejemplo, redes de asesoramiento profesional, la red social o red del trabajo. La "comunidad" (o cultura) de la empresa ya no es un fenómeno misterioso y difícil de cambiar. Con esta transparencia, la cultura puede cambiar rápidamente de una forma alentadora.

En las siguientes figuras exploramos formas de hacer la vista dinámica mas visible.

## Perspectivas de los Centros de Valor

Volviendo otra vez a la discusión del foco constante en el cliente, la siguiente figura muestra a equipos multi-funcionales en el núcleo de la empresa, no al consejo de administración. En esta perspectiva, el cliente llega a ser una clase de líder del centro de valor, aunque sea más interactivo que autocrático. Nota: usamos el termino *Product Owner* en el diagrama. Este término realmente indica una función, en lugar de una persona. Por ejemplo, todo el equipo podría decidir asumir esa función entre todos.

El éxito significa la satisfacción del cliente, porque un cliente satisfecho demuestra que es posible obtener beneficios y que estamos proporcionando lo que los accionistas quieren: lo contrario que la perspectiva del consejo de administración. El tener otra fuerza distinta a los accionistas induce un *feedback* más convincente (es decir, un *feedback* que es más difícil de ignorar) hacia el consejo de administración y los equipos de servicios de soporte. Este cambio de influencia es, a menudo, experimentado con tensión, un fenómeno que vimos en el Capítulo 1.

---

[1]https://www.strategy-business.com/article/20964?gko=8942e

Este diagrama también reconoce otra entidad a cargo. Esa entidad es la sociedad en general, las leyes, regulaciones y acuerdos con proveedores y contratistas a los que muchos equipos de servicios de soporte representan o dan voz. Centrarse en el cliente también induce más *feedback* a las regulaciones aparentemente autocráticas.

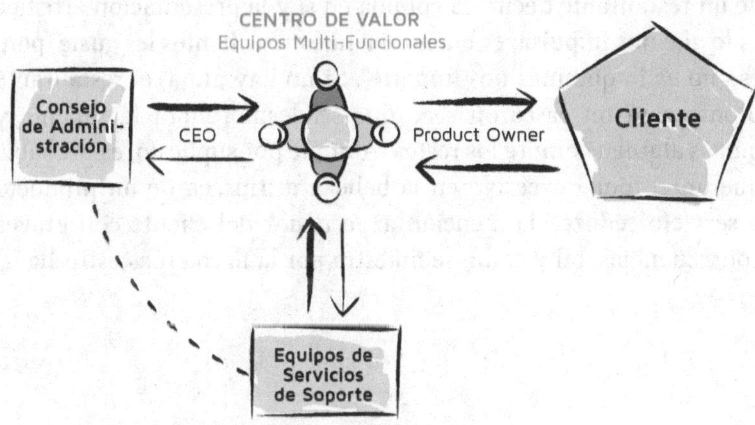


Perspectiva de los centros de valor

Todas las empresas tienen el objetivo de generar valor. Convencionalmente, no se organizan en torno a centros de valor. En su lugar, las unidades que tienen "una parte de acción" se encuentran dispersas en silos. Esta dispersión hace difícil que los centros de valor se conviertan en una unidad y sean realmente efectivos.

## Perspectiva del arte y alma

La siguiente visión del control introduce un nuevo factor, el arte y alma: inspiración, belleza, significado, auto-realización y la pasión que lo acompaña, la cual encontramos en nuestro debate sobre la tecnología del *Open Space*. Arte y alma son la base del capitalismo, ¡No del capital riesgo! El conductor del desarrollo de nuevas formas de satisfacer las necesidades y expresar los valores, es la fuente del espíritu emprendedor y la razón de que surjan nuevas formas e ideas. Inspiración, el impulso artístico y la pasión son la base para la innovación y el aprendizaje continuo.

Como otras fuentes de control, tales como el deseo por el beneficio y la empalagosa regulación gubernamental, el arte y el alma pueden tener un lado negativo. Por ejemplo, los autores han oído al personal de un restaurante decir: "la comida en si y la presentación artística es lo que nos impulsa; es bueno si a nuestros clientes les gusta, pero eso no es lo que más nos importe". Si no hay alma, el restaurante pronto será un cascarón seco que se desmoronará fácilmente y quizás alguien compre los restos. Aunque por supuesto, es probable que un enfoque excesivo en la belleza intrínseca de un producto o servicio reduzca la atención al *feedback* del cliente con graves consecuencias, tal y como se muestra por la flecha más estrecha.

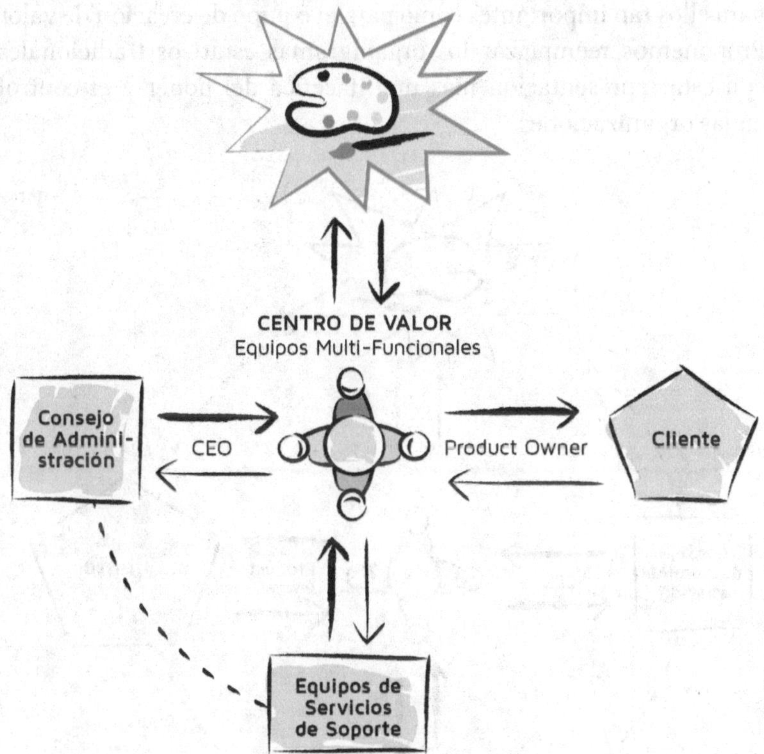



Perspectiva del arte y el alma

## Síntesis de las perspectivas

¿Cómo podemos retener los aspectos valiosos de la empresa tradicional y también mantener los beneficios de la perspectiva de
centros de valor, la inspiración y el cumplimiento de la legislación?
Es decir, ¿Cómo podemos sintetizar y diferenciar las distintas
perspectivas? El siguiente diagrama muestra la estructura BOSSA
nova que hace justo eso. Muestra que debe haber colaboración
entre todas las facetas del control en una empresa. Por ejemplo,
los equipos de servicios de soporte están también conectados con
el arte y el alma, porque el amor por la belleza o el significado son

para ellos tan importantes como para el equipo de creación de valor. Proponemos reemplazar los organigramas estáticos tradicionales con esta representación más multifacética del poder y el control en las organizaciones.

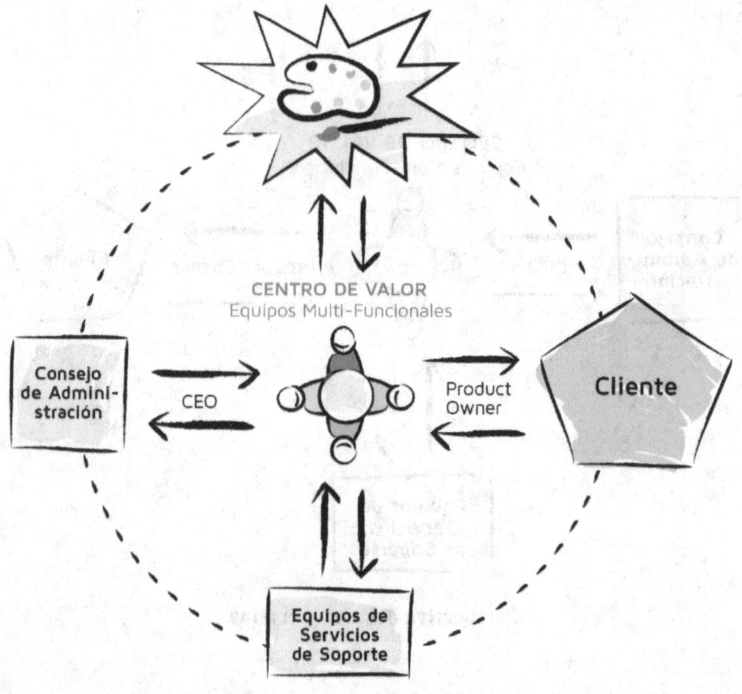


Síntesis de perspectivas

El diagrama muestra relaciones bidireccionales igualmente priorizadas con todos los aspectos del entorno del centro de valor (todas flechas igual de gruesas), una relación de poder circular con los cuatro "jefes". Estas relaciones bidireccionales muestran la implementación de BOSSA nova en un organigrama. Muestra la mezcla de las corrientes en un único flujo:

- La relación bidireccional entre los equipos de servicios de soporte y la producción es, en esencia, el enfoque de "Más allá del presupuesto" con el doble enlace de la Sociocracia.

- La relación bidireccional entre la inspiración y el centro de valor es, en esencia, el enfoque de *Open Space*. Las cuatro corrientes de BOSSA nova proporcionan el *"feedback* a la inspiración" como un proceso de aprendizaje continuo. Un dibujo al estilo de un organigrama mostraría las visiones o musas que inspiran las diferentes partes de la empresa y los sistemas de aprendizaje que desarrollan esas sensibilidades.

- La relación bidireccional entre el consejo de administración a través de la estructura de gestión dirigida por el CEO y el centro de valor está mediada por un *feedback* fuerte. Esta disposición crea un foro para el dialogo, respaldado por las cuatro corrientes, entre los *Product Owners* y aquellos en la empresa que se centran en maximizar el valor para el accionista. Existe la oportunidad de una resolución creativa de las tensiones.

- La relación bidireccional entre el centro de valor y el cliente es, en parte, un enfoque *Agile* generalizado más allá del software. Muchas herramientas relacionadas con *Agile*, tales como, *Lean Startup* o *Design Thinking* pueden ayudar a mediar en las interacciones con el cliente. Sin embargo, esta relación también está respaldada por los conceptos de otras corrientes de BOSSA nova.

El circulo en línea discontinua indica que hay también una relación entre el consejo de dirección, la inspiración, los clientes y los equipos de soporte, y cada relación tiene sus propias características. Representa la integridad que subyace a todos sistemas de especialización. De forma conjunta, todo el mundo comparte la propiedad por el valor total (o daño) entregado por la organización.

Ofrecemos este diagrama como una vista completa de una empresa. Es un diagrama fractal, en el sentido de que las cuatro relaciones aparecen en todos niveles de detalle. Muestra la complejidad tanto de las estructuras formales como de las redes informales. Recoge las relaciones entre los distintos contenedores (o grupos con similares, intereses, pasión y responsabilidad). ¡Te animamos a realizar estos dibujos cuádruples a un nivel más detallado para tu organización en concreto! Al hacerlo así, gente de diferentes organizaciones han descubierto enlaces que faltaban o estaban descompensados y les ayudan a entender en qué poner el foco para mejorar.

## Discusión acerca de equipos multi-funcionales

Los dos primeros diagramas al principio de este capítulo, muestran la perspectiva del consejo de administración e indican que la "producción" puede usar una organización matricial.

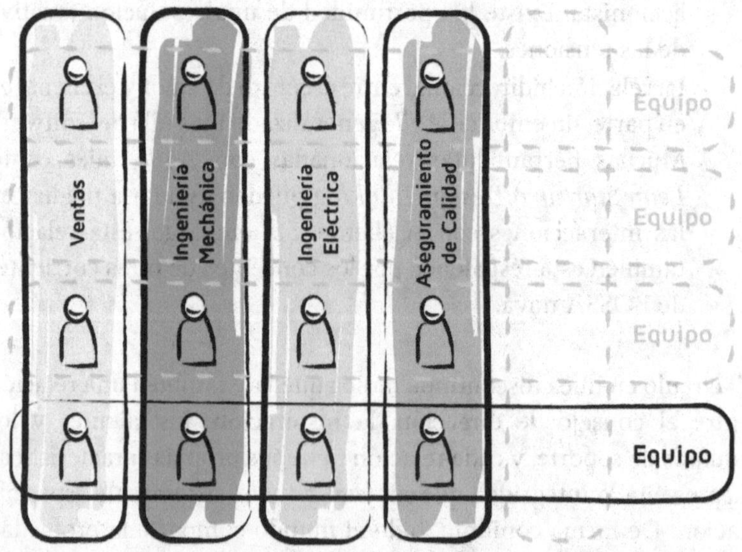


**Estructura convencional de equipos multi-funcionales basados en estructuras matriciales**

En la perspectiva centrada en el consejo de administración, el trabajo es dividido en unidades más pequeñas, conocidas como la estructura de desglose del trabajo. Esta estructura proporciona un marco de trabajo para definir roles, escribir descripciones de puestos de trabajo y criterios de evaluación del desempeño. Un inconveniente de este enfoque es que tiende a crear departamentos estancos ("stovepipes"), silos de especialidades que no se comunican efectivamente. Una matriz de equipos es una estrategia para contrarrestar los silos. La columna vertical representa la estructura de desglose del trabajo. Las filas horizontales muestran la dinámica del proyecto y la creación de producto por equipos multi-funcionales.

En la perspectiva del centro de valor, los equipos auto-organizados y multi-funcionales emergen de la inspiración y la pasión para desarrollar una oportunidad o solucionar un problema, ilustrado a grandes rasgos en el siguiente diagrama.

Estructura emergente de equipo multi-funcional (inspirada en AgileLucero)

Ambas visiones de equipos multi-funcionales tienen valor y cada una tiene elementos de la otra. Un equipo emergente, si está abordando un problema a largo plazo, probablemente formará una estructura ordenada. Y las "filas" en el diagrama matricial (por ejemplo, todos los *scrum masters*) tienen la condición de un comportamiento emergente. El hecho de que equipos multi-funcionales puedan crearse a partir de estrategias de análisis del trabajo de arriba hacia abajo o simplemente emerger, significa que es probable que surjan, en parte, de ambas fuentes. Eso quiere decir que hay muchas estrategias multi-funcionales, una especie de algo continuo que puede y debe adaptarse a las necesidades de ese momento, tales como problemas emergentes, cambios, interrupciones, oportunidades y amenazas, en definitiva: ¡Realidades!.

# 7.2 Resumen: Los cuatro valores como instrumentos en la banda

En la Parte II vimos como las cuatro corrientes apoyaban los cuatro valores (auto-organización, transparencia, foco constante en el cliente y aprendizaje continuo). También analizamos cómo conceptos adicionales, como *Lean Startup* o *Design Thinking* contribuyen a cada uno de los cuatro valores.

A continuación compartimos la experiencia de nuestro colega Yves Lin, quien combinó tres de los cuatro valores.

### Perspectiva de Yves Lin, Titansoft

2014 fue el año en el que Titansoft comenzó a adoptar *Agile* y *Scrum*. La razón en ese momento era simple. Pensamos que "*Agile* es más rápido". Lo que sucedió los próximos tres meses después de la adopción fue inesperado. Comenzamos a darnos cuenta que la potencia de *Agile* reside en la transparencia que crea. Ahora somos capaces de inspeccionar lo que estamos haciendo y mejorarnos constantemente. Por aquel entonces, teníamos dos departamentos de desarrollo de producto y 5 equipos en Singapur. En términos de estructura organizacional, hicimos algunos cambios viendo cómo Scrum enfatiza los equipos auto-gestionados. No hay más jefes en los equipos. Nadie dentro de los equipos tiene autoridad sobre otros miembros. El Scrum Master se coloca fuera del equipo y es elegido por el equipo.

Las cosas parecían estar funcionando bien. La gente comenzó a tener más comunicación y compartía sus pensamientos de forma más abierta. Estas eran buenas señales, pero también nos encontramos enfrentándonos a nuevos problemas. ¿Qué pasa con la comunicación entre diferentes equipos?, ¿Entre departamentos?, ¿Más allá de las oficinas físicas?. Comenzamos a ver largas discusiones que se sucedían dentro de los equipos. No se tomaban decisiones debido a los desacuerdos. Lo más crítico es que el objetivo de la organización no se comunicaba a los equipos.

Necesitábamos una forma para crear una visión común, alinear los objetivos en toda la organización, aprender a ampliar las perspectivas de todos y comprendernos los unos a los otros. A principios de 2016, comenzamos a encontrar formas de superar estos nuevos retos. Los primeros enfoques con los que experimentamos fueron la facilitación y el *Open Space*. Aprendiendo de los expertos, involucramos a los instructores del *Institute of Cultural Affairs* (ICA) para llevar a cabo talleres y cursos de análisis ORID (*Objective, Reflective, Interpretative, y Decisional*) para los directivos.

### *Open Space* en Titansoft

Nuestro primer *Open Space* a nivel de toda la organización tuvo el tema: "Como organización y también como individuos, ¿Qué podemos hacer para apoyarnos mutuamente y crecer?". Fue un día en la que la empresa entera fue invitada a hacer un parón en el trabajo, reunirse y discutir sobre lo relacionado con el tema propuesto. Algunos asuntos terminados al final del día incluyeron: paquetes de formación para los recién llegados, qué les impide crecer como individuos, generar confianza basada en vulnerabilidades en los equipos y el desarrollo *full stack* de PHP.

Al recibir el *feedback* positivo de la plantilla acerca de nuestro *Open Space*, decidimos planificar el próximo. Nuestro segundo *Open Space* de toda la organización en el mismo año tuvo como tema: ¿Cómo podemos crear el mayor impacto en los próximos tres meses?. Los resultados de ambos *Open Space* fueron evidentes. Vimos a los miembros plantear diversos temas que les preocupaban, escuchamos diferentes opiniones entre los distintos roles y, lo más importante, los empleados tuvieron la oportunidad de escuchar diversas perspectivas más allá de las suyas propias. La parte difícil surgió después del *Open Space*. ¿Cómo mantenemos el impulso de las acciones propuestas?.

Aprendimos más cosas y decidimos probar algo diferente otra vez. El mismo año celebramos nuestro primer *workshop* participativo de planificación estratégica facilitado por expertos del ICA. Un *workshop* de dos días reuniendo a gente de toda la organización para crear estrategias de acción las cuales serían lideradas por "campeones" que trabajaran dentro de los equipos. A través de un proceso de planificación estructurada que incorpora la construcción de consenso, conversaciones con foco y un proceso de implementación, pudimos generar una estrategia a lo largo de toda la empresa liderada por representantes de varias áreas.

## Sociocracia en Titansoft

Vimos resultados fascinantes desde los enfoques de la facilitación y el *Open Space*. Pero los problemas perduraron: los planes de acción y de implementación aún no se llevaban a cabo. ¿Podría ser porque el ámbito de acción no encajaba en las tareas diarias de los equipos y no había una cadena de control oficial desde los departamentos a los equipos? Las tareas relacionadas con los productos eran realizadas; sin embargo, las tareas organizativas relacionadas con el reclutamiento, la formación y asuntos públicos fueron descuidadas fácilmente y se quedaron cogiendo polvo.

Introducimos el marco de sociocracia en la organización a principios de 2017 para abordar estas cuestiones, centrándonos en primer lugar en crear la estructura del círculo y el doble enlace para un flujo de información más transparente. El factor clave que impulsó la adopción fue la necesidad de escalar de forma efectiva. Creemos que la sociocracia puede fortalecer aún más la auto-organización y comunicación dentro del equipo y entre los equipos, e instalar un flujo de comunicación desde los departamentos a los equipos, impulsando en última instancia la ejecución de las tareas organizacionales.

El modelo de doble enlace fomenta la participación de los miembros de ambos círculos en la toma de decisiones políticas. Cada círculo tiene su propio enfoque y vínculos internos para impulsar al equipo y avanzar. El círculo inmediatamente superior y el círculo en lo más alto, ahora son más conscientes de lo que está sucediendo en los equipos y son capaces de resolver los problemas antes. Los miembros tienen canales claros para dar *feedback* a través de comunicación bi-direccional. Las políticas, estrategias y objetivos de toda la empresa son aclarados y circulan más fácilmente entre los círculos, lo que genera un alineamiento más solido.

Aún así, la sociocracia no está exenta de limitaciones. Lo primero y más importante, es un marco complejo que consta de muchos patrones y principios. Muchos patrones son adoptados fácilmente, pero priorizar cuál trabajar y llegar a dominar el marco de trabajo es desafiante. Es difícil ver hasta dónde podemos llegar adoptando sociocracia, las historias de éxito son pocas. Los enlaces internos también pueden convertirse fácilmente en cuellos de botella para el flujo de información, ya que conllevan más responsabilidades, incluida la representación del equipo en la toma de decisiones.

El *feedback* es un elemento esencial que subyace de los cuatro valores. Por ejemplo,

- El doble enlace proporciona el *feedback* necesario para que la auto-organización ocurra en toda la empresa.
- Simplemente con hacer las cosas transparentes, obtienes *feedback* acerca de lo que está sucediendo.

- Con un foco constante en el cliente, el obtener *feedback* frecuente y de forma temprana, te proporciona información que te guía para crear el valor que satisface las necesidades del cliente y así gastar el dinero de la empresa de forma inteligente.
- El *feedback* aparece en todas partes en el aprendizaje continuo, desde la construcción, medición y aprendizaje de *Lean Startup* hasta el uso de retrospectivas, la interacción con el entorno y la creación de nuevos modelos de realidad tal y como se articula en la literatura académica; todos estos tipos de aprendizajes requieren de *feedback*.

A continuación se resumen los valores de BOSSA nova desde la confluencia de las cuatro corrientes de desarrollo.

**Auto-organización**: Usa equipos multi-funcionales responsables, que sean seleccionados por ellos mismos y sigan su pasión con responsabilidad.

- Usa equipos multi-funcionales:
    - En diferentes niveles de abstracción
    - Con un objetivo común (es decir, un propósito, métricas y objetivos claros)
    - Que sean gobernados a través de valores e ideales compartidos, no a través de reglas.
- Que:
    - Sean seleccionados por ellos mismos (con una duración significativa);
    - Sigan su pasión con responsabilidad para realizar trabajos completos y significativos;
    - Realicen retrospectivas y estén alineadas a lo largo de toda la empresa para optimizar el conjunto.

**Transparencia**: Crea transparencia bi-direccional para todos aquellos involucrados, proporcionando información y reduciendo las barreras para aquellos que buscan la información:

- Proporciona la información
  - Sobre el progreso y la entrega relacionada con el objetivo común;
- Reduce las barreras a la información necesaria para
  - La toma de decisiones informadas
  - Autorregulación, innovación y aprendizaje.

**Foco Constante en el Cliente**: "Amplitud de miras" en cada aspecto de la empresa: producto y procesos, estructura y estrategia y contribuciones individuales y personas.

- Producto y Procesos
  - Objetivo común, por ejemplo, resumido en un producto mínimo viable.
  - Narrativas que capturan las ideas de personas en historias de usuario;
  - *Feedback* de cada paso del proceso de producción, por ejemplo, hacerlo transparente con un análisis de la cadena de valor.
- Estructura y Estrategia
  - Incluye a los propietarios (accionistas),
  - Centros de valor y equipos de servicios de soporte,
  - Previsiones continuas,
- Contribuciones individuales y personas
  - La pasión limitada por la responsabilidad es lo que guía la contribución,
  - Objetivos individuales relativos, no fijos.

**Aprendizaje Continuo**: Aprende y contribuye siempre al aprendizaje de los demás, obtén *feedback* y adáptate.

- Siempre

- El aprendizaje y la contribución al aprendizaje de otros guía nuestro trabajo.

- Obtén *feedback*,

  - Restrospectivas,

  - Revisión de la mejora de los roles con el *feedback* de los compañeros,

  - Objetivos individuales separados de los bonos anuales.

- Y adapta

  - Tus planes a medida que los desarrollas, donde el desarrollo es igual a aprendizaje (formación), enseñanza e investigación en la interacción con tu objetivo.

En la Parte III, abordamos el tema práctico de como implementar esta síntesis (la cual hemos denominado BOSSA nova).

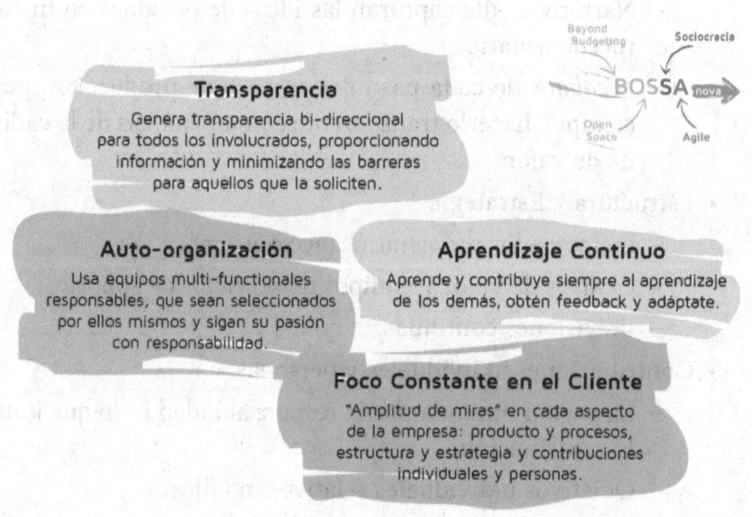


Resumen de la confluencia de valores de BOSSA nova

# 7.3 Comentario final

En general, ¿dónde está tu empresa en los términos descritos por BOSSA nova, la nueva ola creada por la confluencia de las cuatro corrientes? ¿Puedes dibujar un organigrama global de tu empresa? ¿Cómo de bien asume tu empresa los valores de la agilidad para toda la empresa?

En la Parte III reflexionaremos sobre estrategias, estructuras y procesos para implementar ("bailando") con la música de la Parte II.

# III ¿Bailamos?

"No se trata de poder bailar... se trata de estar dispuesto a bailar". – Mary Lynn Manns, coautora de *"Fearless Change"*

---

## Obtén una nueva perspectiva

Después de terminar la Parte II, pensamos profundamente en cómo convertir la síntesis de los valores (auto-organización, transparencia, foco constante en el cliente y aprendizaje continuo) en una herramienta práctica: la pregunta "ahora qué". Revisamos cada una de las síntesis y al reflexionar, nos dimos cuenta que varios temas son recurrentes en diferentes valores. De estos temas surgieron patrones [2]. Notamos, por ejemplo, que el *feedback* aparece repetidamente en las diversas síntesis. También notamos un metapatrón por el cual podríamos agrupar los temas en:

- Estrategia
- Estructura
- Proceso

[2]Patrones definidos como una muestra fiable de rasgos, actos, tendencias u otras características observables de una persona, grupo o institución. Por ejemplo, un patrón de comportamiento, patrones de gasto o el patrón predominante del habla (ver Merriam-Webster).

Este metapatrón nos atrajo porque define una empresa (según Gomez & Zimmermann) desde tres perspectivas diferentes:

* Perspectiva institucional, la cual considera a la empresa como un sistema social con propósito y, en este sentido, una empresa *es una organización*. El propósito de este sistema social es guiado por la **estrategia** de la empresa.
* Perspectiva instrumental, que es la **estructura** de la empresa. O más bien: Una empresa *tiene una organización*, la cual es entendida por su estructura.
* Perspectiva funcional, lo cual quiere decir el alinear las actividades que hacemos en el día a día. Esto es expresado con los **procesos** de una empresa. O, en otras palabras: Una empresa *se está organizando*, o más bien, procedimentada a través de las actividades diarias.

El siguiente diagrama muestra la estrecha relación entre las tres perspectivas. Por ejemplo, ¿la estrategia sigue a la estructura, o viceversa?

En resumen: una empresa, simultáneamente "es una organización", "tiene una organización" y "se está organizando".

Te puedes preguntar, ¿dónde encaja la cultura de la empresa en este metapatrón? La cultura son las historias que nos contamos sobre nosotros mismos y que están basadas en propósitos, planes, reglas, procedimientos, comportamientos, hábitos, etc. Estas facetas, las cuales están basadas en las interacciones locales, son las que, en mayor medida, estabilizan la cultura (ver Stacey).

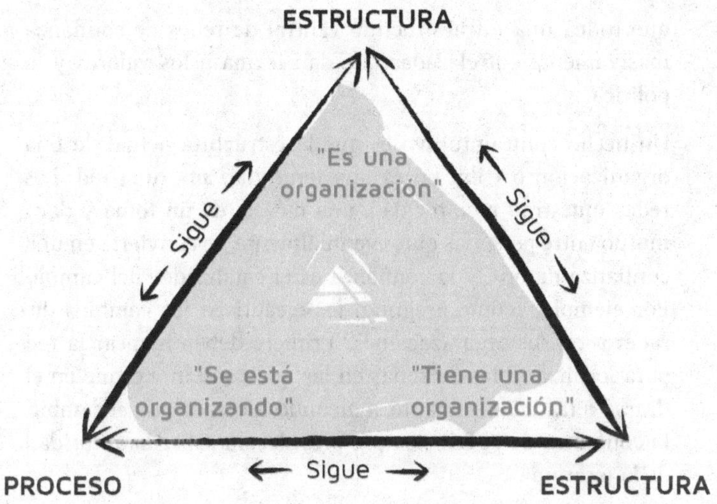



Interrelación entre la estrategia, estructura y proceso

La cultura corporativa es definida por este metapatrón de estrategia, estructura y procesos. Así que, puedes cambiar la cultura cambiando este metapatrón. La estrategia, la estructura y los procesos pueden ser los de la jerarquía convencional o pueden surgir de otras jerarquías, por ejemplo, la jerarquía de la confianza.

## Perspectiva del Dr. Karen Stephenson, Net-Form International

Al ser pionero en el análisis de redes sociales en Harvard, como un medio superior de medir y administrar la cultura organizacional, demostré durante décadas de investigación, que la cultura organizacional consiste en dos estructuras dinámicas entrelazadas: (1) redes de confianza y (2) jerarquías de autoridad. La mayoría de las personas están familiarizadas con la jerarquía porque tienen que aprender su lugar en ella cuando van a la escuela o consiguen un trabajo. Pero, la verdadera realidad, es que la jerarquía es, simplemente, un andamio que rodea una infraestructura central de redes de confianza masivamente entrelazadas que dan forma a los valores y la política.

Un hecho contraintuitivo es que la estructura actual de una organización o tribu no es una jerarquía, sino una red. Las redes muestran reciprocidad, una mezcla de un toma y daca mutuo entre personas que, eventualmente, se convierte en una confianza de oro, y la confianza es el catalizador del cambio. Por ejemplo, ¿cómo aseguran los ejecutivos los cambios duraderos en sus organizaciones? Primero deben mapear la red para localizar a las personas en las que confían, porque en el drama o trauma resultante, a menudo asociado con el cambio, la confianza de la red siempre prevalecerá sobre la autoridad de la jerarquía.

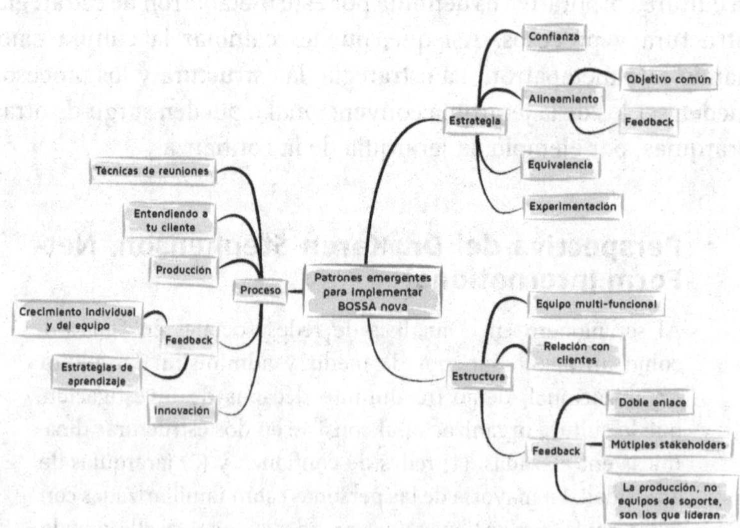


**Patrones emergentes para implementar BOSSA nova**

El mapa mental anterior, muestra los patrones individuales tal y como surgieron de la Parte II, en el metapatrón estrategia-estructura-proceso. Este gráfico es una forma de agrupar conceptos e inquietudes, y no significa, por ejemplo, que la confianza sea una estrategia.

Los valores no se muestran en este diagrama. Así como en la síntesis final de los capítulos, mezclamos las cuatro corrientes de desarrollo de BOSSA nova con cada uno de los valores, ahora, los patrones se mezclan con los valores. Si mezclas hidrógeno y oxigeno, obtienes algo con características totalmente diferentes: agua. De la misma forma, estos patrones, ahora son algo con una característica totalmente diferente. Las corrientes de desarrollo siguen ahí, los valores siguen ahí, pero ahora se encuentran de forma compuesta y preparados para aplicarlos. A partir del metapatrón de estrategia, estructura y proceso, obtenemos la base que necesitas para formular experimentos, tal y como describimos en la siguiente sección.

## Comienza a Experimentar

Nos dimos cuenta de que para hacer el metapatrón útil, necesitaríamos un enfoque para hacerlo aplicable. Tal y como discutimos en el Capítulo 1, hoy en día, las empresas viven en un mundo volátil, incierto, complejo y ambiguo (VUCA). Según *Cynefin*, la gestión en entornos complejos requiere un enfoque de "probar, evaluar, responder" (ver Kurtz & Snowden). En otras palabras, si te enfrentas a una situación compleja, no hay una receta o formula que puedas seguir. Puedes hacer predicciones fiables en situaciones complicadas, pero no en aquellas complejas. En lugar de recetas simples, sugeriremos pruebas para ayudarte a empezar a experimentar probando las posibles soluciones. Las pruebas pueden ser usadas como tal (si así corresponde) o como inspiración para obtener la prueba que mejor se ajuste. Tenga en cuenta, no hay fallo, porque no importa si la prueba ha fallado o ha sido exitosa, el énfasis está siempre en el aprendizaje. Por tanto, debe enfatizar que el objetivo es el aprender, no que la prueba será un éxito. Esto marca la prueba como segura para fallar.

Para cada patrón, sugerimos una prueba típica y su acompañamiento con experimentos de ejemplo para evaluar y responder. Cada prueba lo primero que proporciona es algo de contexto, incluyendo escenarios de ejemplo. El contexto es seguido de una hipótesis, la cual, es la base del experimento. Para cada experimento, sugerimos un procedimiento, unas mediciones e ideas sobre cómo actuar después del experimento. Los resultados te deben guiar en el próximo paso de tu implementación de BOSSA nova. Por lo general, siga probando para ver si los patrones y los beneficios indicados por los diversos experimentos existen a mayor escala y pueden ser replicados y generalizados.

En algunos de estos experimentos será necesario medir intangibles y hacemos sugerencias sobre cómo hacerlo. Para una guía futura sobre como medir intangibles, recomendamos el libro de Hubbard's, *How to Measure Anything* (Hubbard). Si el experimento no soporta la hipótesis o proporciona resultados confusos, es necesario reflexionar. Después, desarrolla una hipótesis diferente que pruebe distintas perspectivas relevantes para tu situación específica y evalúe los posible patrones con nuevos experimentos.

Y ten en cuenta que te animamos a empezar a experimentar tan pronto como leas este libro. Tal y como sugiere el patrón "Simplemente Hazlo" (*Just Do It*), descrito por Manns y Rising, no esperes al momento perfecto cuando tengas los recursos y el conocimiento que crees que necesitas; en su lugar, toma un primer paso pequeño y comienza a aprender (ver Manns & Rising).

### Perspectiva de Hendrik Esser, Ericsson

En Ericsson, comenzamos la primera adopción *Agile* en 2006 y lo hicimos a fondo en 2010. En ese momento, trabajaba en el equipo directivo de una organización internacional de 2000 personas. Usamos una mezcla de *Scrum of Scrums* y un proceso de gestión del *portfolio* diseñado por nosotros mismos para gestionar por completo el desarrollo de producto. Nuestras ideas y necesidades centrales eran el descentralizar la toma de decisiones y aceptar el cambio de verdad. Mientras que *Scrum* y *Scrum of Scrums*, eran conceptos conocidos y relativamente fáciles de adoptar, el proceso de gestión del *portfolio* era un reto. El proceso comenzó con un taller en el que convoqué a todos los *stakeholders* del desarrollo de producto: *Product Management, Product Development, Test, System Design* y *Deployment.* En ese taller, fuimos directos al principal problema que teníamos en aquel momento: todas nuestras entregas tenían retrasos significativos. A través de un intenso debate, encontramos dos problemas centrales: *Product Management* no podría predecir lo que el cliente necesitaría en el futuro y *Product Development* no podría predecir con precisión cuánto esfuerzo sería requerido para desarrollar una funcionalidad antes de iniciar su desarrollo. En base a esta perspectiva, creamos un proceso que empleaba rangos para las estimaciones de coste y tiempo. Estos rangos son una expresión de nuestra incertidumbre en un momento concreto. Acordamos que el uso de rangos es la mejor manera de comunicar el grado de conocimiento actual.

Cuando implementamos este enfoque, por supuesto que nos encontramos con algunos problemas de adopción, tales como que varias personas que no habían sido parte del taller, no entendieron la idea detrás de los rangos. Como herramienta de comunicación, están destinados a suscitar debate ("¿Qué quieres decir con que la entrega es entre agosto y noviembre? ¡El cliente lo necesita en julio!"). El nuevo enfoque nos dirigió suavemente hacia el cambio de mentalidad que queríamos. Ese cambio nos llevó en total aproximadamente un año y medio.

Realizamos una retrospectiva sobre por qué nuestra transformación fue un éxito. (En las retrospectivas, es bueno no centrarse solo en por qué algo no funcionó, ¡sino también en el por qué de lo que sí funcionó!). Nuestra reflexión nos lleva a encontrarnos con *Human System Dynamics*, VUCA y *Complexity Management*, incluyendo el marco de trabajo

*Cynefin* y el enfoque de experimentación relatado.

También aprendimos que centrándonos en la comunicación y retrospectivas continuas a nivel de dirección y organización, son ingredientes clave para impulsar el cambio. Formulamos experimentos de cambio (sabiendo que siempre habrá efectos colaterales) y monitorizamos si nos conducían a los resultados deseados mediante las retrospectivas. Desde entonces, hemos puesto en marcha muchas más iniciativas de este tipo.

Hoy entendemos que, si queremos desplegar todo el potencial de la gente en nuestra organización, necesitan autonomía para tomar sus propias decisiones e impulsar cosas. Sin embargo, también entendemos, que la autonomía individual termina siendo un caos si no hay suficiente alineamiento. La siguiente pregunta es: ¿Quién está impulsando ese alineamiento?. Intentamos evitar las "torres de marfil" para crear políticas destinadas a alinear a la organización. Preferimos centrarnos en tener el nivel correcto de participación: la gente afectada por una regulación (estrategias, procesos comunes, etc.) necesitan ser parte de la creación. Un ejemplo concreto es la forma en la que trabajamos hoy con nuestros procesos de desarrollo, impulsados por una estructura de Comunidad de Práctica. Estas comunidades son interorganizacionales y plenamente capacitadas para tomar decisiones dentro de su área.

## Diagnostica tu organización

Para encontrar un punto de partida en tu viaje experimental, puedes usar las herramientas de diagnóstico mencionadas en el Capítulo 2, incluyendo el modelo *Viable Systems Model* y *Agile Fluency Model* (ver Beer y Agile Fluency), *Human Systems Dynamics* y *Cynefin.* Hay otras muchas herramientas que puedes usar del estilo al modelo de pensamiento que describe *Hendrik Esser*. Nosotros, particularmente, sugerimos que consideres *Organization Structure*

*Canvas*[3], el método de *Kepner-Tregoe*, la indagación apreciativa, DAFO (debilidades, amenazas, fortalezas y oportunidades) (ver Mulder, Cooperrider, y SWOT) y el proceso de sociocracia de *"picture forming"*, tal y como se sugiere en la prueba ¿Puede la reflexión de un grupo mejorar la resolución de problemas? en el Capítulo 10. Todas estas herramientas proporcionan un apoyo para definir un área en la que empezar a experimentar.

Te avisamos nuevamente: ¡Estamos mencionando estas herramientas de diagnóstico para que seas consciente de que existen! Puedes aprender de ellas si así lo deseas. La lista puede recordarte algunas herramientas que ya tengas en tu caja de herramientas listas para usarlas. Aún así, puedes simplemente empezar con un experimento que te diga algo, sin usar ninguna herramienta de diagnóstico.

## Continua reflexionando

¿De dónde vienen estas pruebas? Surgen de la reflexión. > "La práctica de la reflexión es más que una reflexión, porque involucra a gente en algo más allá que reflexionar juntos sobre algo que están haciendo; y eso es más indagar sobre cómo piensan acerca de lo que están haciendo. Implica preguntarnos quiénes somos, qué estamos haciendo juntos, por qué lo estamos haciendo y cómo estamos pensando en todas esas preguntas. La reflexividad es pensar en cómo estamos pensando. La capacidad de juicio práctico en organizaciones puede ser sostenida y desarrollada por la 'técnica' de una indagación reflexiva sobre la narrativa de lo que estamos haciendo juntos en situaciones ambiguas e inciertas" (Stacey).

Por lo tanto, te recomendamos encarecidamente que desarrolles tus habilidades de reflexión. ¡Intenta el siguiente ejercicio de reflexión ahora mismo!

---

[3]https://medium.com/the-ready/the-os-canvas-8253ac249f53

Inicia tu proceso de reflexión respondiendo a las siguientes preguntas. Tómate tu tiempo para escribir las respuestas.

1. ¿Cómo reaccioné a la petición de reflexionar?
2. (¡Sin mirar!) ¿Cuáles son los desafíos más importantes para las empresas mencionados en el Capítulo 1 que recuerdas?
3. Ahora, dale un vistazo al Capítulo 1 y observa qué desafíos recordaste y cuáles no. Reflexiona sobre ello: ¿Por qué no me acordé de esos otros desafíos? ¿En qué medida los desafíos que recuerdo son también los desafíos más importantes en mi contexto? Si hay una diferencia, ¿por qué recordé desafíos que no son tan importantes en mi contexto?

Ten en cuenta que la primera pregunta es "¿Cómo reaccioné a la petición de reflexionar?". Por ejemplo, es probable que hayas tenido una mezcla de pensamientos y sentimientos que van desde "qué interesante" hasta "oh, es demasiado trabajo. Daré un vistazo a lo que escribieron y continuaré, no tengo tiempo para hacer esto". O puedes haber pensado "He comprado este libro; así que, deben decírmelo". Puede que te haya encantado la idea, pensando "qué innovador" y al mismo tiempo puedes haber pensado, "¡Qué asco! ¡Suena a algo que mi profesor de tercer grado me hizo hacer!".

Por favor, ¡escribe estos pensamientos y sentimientos ahora mismo! Probablemente sucedieron en un mero segundo. Antes de que sigas leyendo, escríbelos incluso en una servilleta de papel o la parte de atrás de un *ticket* de compra.

.............. (Estos puntos significan que estamos esperando a que lo hagas) ;-)

Vamos a profundizar. Si aún no lo has hecho, responde ahora a las preguntas 2 y 3.

............. (Estamos esperando)

Ahora que ya has respondido a las preguntas 2 y 3, detente otra vez a reflexionar. ¿Por qué te estamos pidiendo que procedas de esta forma? Es porque en realidad no puedes pensar realmente nuevas ideas sin algo de tranquilidad y reflexión (Fu Y1, Huang ZJ.) (Resnik).

Para futuras reflexiones, intenta plantear preguntas sobre tu situación o circunstancias en la empresa, escribiendo tus respuestas a estas preguntas y compartiendo tus ideas con tus compañeros.

Para aplicar BOSSA nova, empieza con una reflexión. La reflexión, probablemente, nos llevará a nuevas hipótesis que puedes usar para introducirte en la situación y discernir patrones que conducirán a nuevas estrategias, estructuras y procesos beneficiosos.

En esta Parte, sugeriremos muchos ejemplos de posibles pruebas experimentales en varias situaciones complejas. A medida que leas las pruebas, piensa sobre cómo estas, están relacionadas con tú situación. Entonces, intenta uno o más experimentos sugeridos en las pruebas más relevantes, comparte los resultados con tus compañeros, reflexiona otra vez y continua con las siguientes pruebas. Al seguir este ciclo, continuarás implementando BOSSA nova de una forma más profunda.

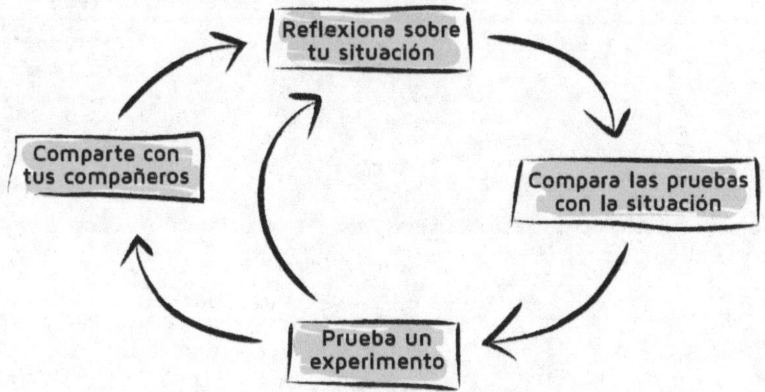


Buceando con más profundidad en BOSSA nova

# 8. Estrategia

Como hemos visto anteriormente, desde la perspectiva institucional *la empresa es una organización* o más bien, un sistema social con un propósito, que es guiado por su estrategia para proporcionar valor a los clientes. *Chandler* proporciona la definición de estrategia más generalmente aceptada: "La estrategia es la determinación de objetivos básicos a largo plazo de una empresa y la adopción de cursos de acción y asignación de recursos necesarios para llevar a cabo estos objetivos" (Chandler). Los patrones que han surgido para la estrategia desde una perspectiva de agilidad en toda la empresa son: confianza, alineamiento, equivalencia y experimentación.

## 8.1 Confianza

A continuación mostramos las lecciones que aprendimos en la Parte II que son relevantes a la confianza. Se extraen de los distintos valores mencionados entre paréntesis:

- Confía en la sabiduría de los individuos y sus interacciones, lo cual, quiere decir menos reglas y pautas. Ellos llegan a ser semiautónomos porque no son microgestionados. (Auto-organización)
- Establece reglas y pautas que asuman que todos los empleados quieren contribuir positivamente al éxito de la empresa. (Auto-organización)
- La auto-organización genera confianza. Si las estructuras para fomentar la auto-organización están funcionando bien, entonces el nivel de confianza debería aumentar con el tiempo. (Auto-organización)

## Prueba: ¿Necesitamos métricas estandarizadas?

**Antecedentes**: Un problema clásico de las organizaciones grandes y exitosas es que su burocracia se vuelve opresiva. La burocracia asume que las personas no están dispuestas a usar su sentido común y sólo buscan un beneficio personal. Por ejemplo, si se te pide que informes acerca del estado de tú trabajo como rojo, amarillo y verde, tendrás la tentación de favorecer al amarillo porque el verde podría ser arriesgado; podría ir mal y luego serás criticado. El rojo llama demasiado la atención.

**Hipótesis**: Los procedimientos de informes estandarizados proporcionan la ilusión de una imagen precisa de lo que realmente está sucediendo. El auto-informe nos permitiría ver lo que realmente está sucediendo. Un enfoque de confianza, simplemente pediría a las personas que proporcionen su propia métrica, algo que refleje, desde su perspectiva, qué es lo que realmente está sucediendo y lo que se debe compartir.

**Experimento**: Reserve un tiempo para los miembros de la unidad de reporte, incluyendo la persona responsable, para reflexionar sobre cómo pueden ser capaces de describir a otros, de forma sucinta, lo que está sucediendo con su trabajo y a ellos para obtener *feedback* sobre cómo lo están haciendo. Entonces, ellos reportan usando las métricas que han desarrollado individualmente. Prueba durante dos meses y después haz una restrospectiva con todo el mundo involucrado, incluyendo el jefe, que preguntará: "¿Queremos continuar con esta forma de reporte?"

## Prueba: ¿Es barata la confianza?

**Antecedentes**: Otro ejemplo de burocracia opresiva son los complicados controles de los gastos de viajes que asumen que la gente intentará estafar a la empresa (sólo este tipo de hotel, no más de esta cantidad para comida, etc).

**Hipótesis:** Los controles de los costes de viajes son frustrantes y transmiten un mensaje contradictorio y desagradable: "aunque confiamos en ti para tomar muchas decisiones importantes, también pensamos que podrías engañarnos". Este mensaje contradictorio desmoraliza y, en realidad, los procedimientos cuestan más tiempo y dinero del que ahorran.

**Experimento:** Durante un periodo específico de tiempo, algo así como tres meses, cambia las restricciones presupuestarias de los viajes para algunas unidades de la empresa. Establece políticas, según sea necesario, sobre cómo lidiar con cualquier infracción individual obvia. Por ejemplo, una empresa que conocemos tiene sólo tres principios como guía para los gastos de viaje (y ningún otro control de costes):

- El gasto de viaje tiene que ser económicamente razonable.
- Solicite únicamente el reembolso de los viajes que cumplan con los requisitos legales y de auditoria del gobierno.
- Cuídate.

En este ejemplo, se deja a decisión del individuo cuánto se gastará en el viaje. Por transparencia, haz que el registro de los gastos de viajes esté disponible para todo el mundo (lo que proporciona cierto control entre compañeros, por ejemplo, si los gastos son razonables). Después de realizar una medición como línea base del nivel de frustración de la plantilla con el control de los gastos de viaje, proporciona formación con la lógica y los valores del nuevo sistema, basado en la confianza para controlar los costes de los viajes. Si es posible, empareja cada unidad que esté experimentando el nuevo sistema con un departamento similar que continúe usando el sistema anterior y que actúa a modo de "grupo de control". ¿Qué diferencia hay en los gastos y actitudes actuales? ¿Debe continuar y expandirse el enfoque basado en la confianza?

# 8.2 Alineamiento

¿Te encuentras en alguna de estas situaciones?:

- ¿Has estado perdiendo clientes que has tenido durante un largo periodo de tiempo?
- ¿Tienes problemas para encontrar nuevos clientes?
- ¿Las personas de algún equipo se unen y trabajan juntas o se están peleando y compitiendo entre ellos?

¿Cómo puedes probar la situación para ver dónde están los puntos que pueden hacer de palanca para lidiar con la situación? Veremos algunas hipótesis típicas que puedes plantear y probar.

## Objetivo común

En la Parte II exploramos:

- La auto-organización es iniciada por un objetivo común, reto, equivalencia y/o valores compartidos. Éstos definen el contenedor; de este modo, el objetivo y los valores tienen un impacto en la anchura o estrechez del contenedor (auto-organización).
- El contenedor es más fuerte si el objetivo está basado en las necesidades del cliente, porque el cliente introduce una fuerza o presión externa que impulsa el fenómeno de la auto-organización (auto-organización).
- Asegúrate que el foco en el cliente es el objetivo, que sea la razón por la que la gente trabaja unida como equipo (en contraposición a la preocupación por los accionistas) (foco constante en el cliente).
- Asegúrate de que tu enfoque presupuestario es flexible para satisfacer las necesidades del cliente y del mercado. No fije de antemano un presupuesto a largo plazo; haz que el presupuesto se adapte al foco en el cliente (foco constante en el cliente).

### Prueba: ¿Podemos mejorar la colaboración cambiando el sistema de incentivos?

**Antecedentes:** El objetivo estratégico global define, tanto un objetivo como un límite para los objetivos. Por ejemplo, el jefe que maniobra durante meses para conseguir una oficina en esquina más grande u otra persona que manipula el "sistema" para conseguir una promoción para un familiar en otro departamento; son ejemplos de una desviación de un objetivo común centrado en el cliente. En todos estos casos los miembros de la organización no están colaborando, sino que se están centrando en obtener ventajas personales. Otra gente puede que simplemente esté trabajando sin compromiso, estando en la oficina pero deseando estar en otro lugar y haciendo su trabajo de forma mecánica, de una manera "suficiente para salir adelante".

**Hipótesis:** La razón por la que la gente no está colaborando eficazmente, es que sus objetivos individuales no están alineados. Todo el mundo está intentando alcanzar sus propios objetivos, y no el objetivo compartido del equipo, departamento o empresa. Si el alcanzar el objetivo individual es recompensado con un bonus, entonces el riesgo es incluso mayor, ya que cada individuo buscará solo su ventaja personal y no la de la empresa. Por lo tanto, si (1) cambiamos el sistema de incentivos (es decir, evaluaciones de desempeño, bonus, apreciaciones, reconocimientos, etc.) y si (2) separamos la recompensa económica de las evaluaciones de desempeño y promociones, las personas se apoyarán mejor entre ellos y aprenderán los unos de los otros. Este apoyo mutuo o, en otras palabras, esta mejora en la colaboración, atenderá mejor a las necesidades de los clientes.

**Experimento:** Una forma de probar esta hipótesis sería tener a gente en un grupo típico que creara y modelara cómo sería tener diferentes sistemas de incentivos; los métodos de *Open Space* podrían ser útiles para diseñar el sistema de incentivos. Cualquiera que sea la conclusión a la que lleguen, haz que ese grupo comience a usar el nuevo sistema por un periodo de 3 meses. Las posibilidades que hemos oído incluyen: nadie tiene una oficina personal, usar "puntos de juego" para reflejar los logros de aprendizaje y desarrollo personal (ver Shen and Hsee), tener "celebraciones de agradecimiento" periódicas, reunir el dinero de los bonus y decidir en conjunto qué hacer con él, revisiones entre compañeros y clasificaciones (ver Valve), etc. También, identifique un grupo aproximadamente similar como grupo de control, creando así la base para una "prueba A/B".

Una forma simple de medir el nivel de colaboración sería pedir a cada miembro, tanto del grupo experimental como del de control, que mantenga un diario privado de reflexión sobre cómo están experimentando la colaboración del grupo (el "flujo" en el grupo). Al cabo de, por ejemplo, tres meses, pide a cada persona que revise su diario y registre la percepción del nivel de colaboración en un "sismógrafo de colaboración" conjunto. Quizás pueden anotar o comentar verbalmente los picos y los valles del gráfico. El gráfico colectivo dará una medida aproximada de los cambios en la colaboración e indicará cómo de bien la estructura de incentivos está apoyando la colaboración y, por tanto, el alineamiento hacia el objetivo común.

Si los resultados del experimento indican una mejora en la colaboración con el nuevo incentivo, amplíalo a otros grupos. Considera el hacer experimentos similares midiendo, no solo la colaboración interna, sino la eficacia atendiendo las necesidades de los clientes.

### Prueba: ¿Puede que la toma de decisiones entre compañeros sobre las promociones apoye el alineamiento?

**Antecedentes**: En nuestra investigación, no fuimos capaces de encontrar alguna empresa en la cual no hubiera una jerarquía. Algunos aspectos del trabajo son jerárquicos por naturaleza: niveles de abstracción, acumulación de habilidades en el aprendizaje, antigüedad, liderazgo natural. Incluso, en empresas muy igualitarias, como

Valve y Red Hat, hay jerarquías, y estas requieren un sistema de promoción. Un tipo de promoción está relacionada con el dominio ("soy un *coach* senior en mi dominio") y otro tipo está relacionado con la gente, como en el liderazgo natural. En un ejemplo que observamos, una empresa que fue hacia una transformación *Agile*, decidió renunciar a los títulos. El resultado fue que la gente sintió: "No voy a ningún sitio en mi carrera. Me siento estancado". Muchos comenzaron a irse para escapar de ese sentimiento de estancamiento. Este resultado no es sorprendente, ya que es exactamente lo que Herzberg predijo en su bien establecida teoría de la motivación de dos factores (ver Herzberg, Mausner & Snyderman).

Las promociones son muy complejas, porque si tú estas operando como equipo, que es un aspecto del trabajo que es igualitario y social en naturaleza:

- ¿Cómo eliges a una persona y le das una promoción?
- ¿Quién concede la promoción? Normalmente, es una decisión de arriba hacia abajo. La gente solicita puestos de trabajo y una persona es elegida por un ejecutivo o un comité que discute y hace el nombramiento.
- ¿Cuál es el criterio para la promoción? ¿Está relacionado con la satisfacción del cliente o con agradar a la persona que te da la promoción? (por ejemplo, ¿debería el cliente dar la promoción?).
- ¿Qué significa una promoción? ¿Más dinero, mayor prestigio, trayectoria profesional y/o una forma de compararme con otros dentro/fuera de la empresa?

Debido a tal complejidad, no hay una única receta. Por ejemplo, *Spotify* informa de un interesante experimento con los títulos y la trayectoria profesional basado en la identificación de experiencia por parte de compañeros. Sin embargo, advierten para quien lo quiera copiar, que lo hacen porque están constantemente cambiando y adaptando su propia cultura.

**Hipótesis**: Si usamos la toma de decisiones entre compañeros para realizar decisiones sobre las promociones, podemos separar la evaluación del desempeño de decisiones tales como promociones, que tienen una componente de competición. En otras palabras, la competición se convierte en "competición cooperativa". Este enfoque fomentará todos los valores: ante todo transparencia, pero también foco constante en el cliente, auto-organización y aprendizaje continuo. Por ejemplo, todo el mundo sabrá por qué y cómo la decisión de la promoción fue tomada y, como consecuencia, aceptarán el resultado. Es importante que, antes de que el proceso de decisión comience, todo el mundo desarrolle mutuamente el criterio que define la calificación para la promoción. Además, el proceso tendrá la creatividad que conlleva la auto-organización.

**Experimento**: Grupos en diferentes niveles de la jerarquía en la empresa usan:

- Elección sociocrática para determinar quien es el designado para una promoción.
- Toma de decisiones por consentimiento sobre la persona que está siendo promocionada por parte del grupo de personas que aplicaron para la promoción.
- Toma de decisiones por consentimiento para alinear los objetivos individuales y de equipo.
- Toma de decisiones por consentimiento para decidir sobre bonus.

Todos estos experimentos se harían de forma similar. Discutiremos uno de ellos en más detalle como ejemplo para el resto: la elección sociocrática para determinar quién recibe una promoción. Antes de comenzar con la elección sociocrática, identifica un puesto vacante dentro del grupo y establece las responsabilidades, autoridad, plazos, etc. La posición, podría ser, por ejemplo, para un puesto técnico senior como "Ingeniero Distinguido" o un puesto directivo. Invita a los miembros del grupo a una reunión organizada con el propósito de seleccionar a alguien para el puesto. Si se trata de un puesto de gestión, el grupo debe incluir tanto a la persona a la que reportará esta posición como las que reportarán a el. Según sea necesario, fórmelos en el proceso sociocrático de elección. Proporciona un facilitador, o si están usando sociocracia, emplea al facilitador actual.

 A continuación se describe el proceso sociocrático de elección. Es útil en varios escenarios.

1. Revisa las responsabilidades, autoridad, la rendición de cuentas y salario asociado, duración de la posición y habilidades y conocimientos asociados.

2. Todo el mundo, de forma individual, escribe en un papel su nombre, la palabra "nomina" y el nombre de la persona propuesta para la posición. Se pueden proponer a sí mismos, cualquier otra persona del grupo o abstenerse.

3. El facilitador recopila todos los papeles, elige uno y lo lee en voz alta solicitando los motivos de esa propuesta. Por ejemplo, "George nomina a Susan. George, por favor, dinos por qué estas nominando a Susan". El facilitador elige el siguiente papel, repite la misma solicitud de razones y continua hasta que se hayan presentado todas las nominaciones.

4. Haz una "ronda de cambio", en la que el facilitador le pregunte a cada persona: "Habiendo escuchado el razonamiento de las nominaciones, ¿deseas cambiar tú nominación?". Si una persona quiere cambiar su nominación, el facilitador le pide a la persona que de la razón de su cambio.

5. El facilitador propone a uno de los nominados, dando razones para hacerlo. El facilitador puede que no proponga a la persona que recibió el mayor número de nominaciones, sino que sopesa los argumentos presentados. El número de nominaciones es solo uno de los argumentos a considerar.

6. El facilitador lleva a cabo una ronda de consentimiento en la cual cada persona es preguntada por turnos, "¿tienes alguna objeción fundamental sobre la persona propuesta?, preguntando a la persona propuesta en último lugar. Si no hay objeciones, el facilitador anuncia que el grupo ha dado su consentimiento para que la persona propuesta tome el cargo y el grupo celebra la decisión.

7. Si hay alguna objeción, el facilitador vuelve a cada persona que ha objetado y le pregunta por las razones. La objeción no es un veto, sino el inicio de un proceso creativo que asegura que todas voces son escuchadas y tenidas en cuenta mientras que el grupo unido desarrolla soluciones que aborden esa objeción.

La medición podría ser una encuesta previa al grupo para evaluar su opinión sobre las políticas de promoción de la empresa, incluyendo su transparencia, calidad de la selección realizada y objetividad. Entregue esta encuesta también a algunos grupos de control. Inmediatamente después de que se complete el proceso de elección, recopile todo el *feedback* espontáneo y después, por ejemplo, dentro de tres meses, realice una encuesta posterior para los grupos experimentales y de control. Si la satisfacción mejora, amplía este proceso a otras promociones.

## Propiedad colectiva

La nueva síntesis de la Parte II apoya la propiedad colectiva de la siguiente forma:

- Permite que las personas que trabajan juntas sigan su pasión por hacer un trabajo que importa y deleita a sus clientes. Por lo tanto, organízate para honrar la pasión limitada por la responsabilidad (Foco constante en el cliente).

- Organízate para servir a tu cliente. Organiza cada faceta de la empresa en torno a la coordinación de los servicios que se ofrecen a cualquier cliente. El tipo de trabajo y la conveniencia del cliente deben impulsar la revisión y reasignación de recursos, no el calendario (Foco constante en el cliente).

## Prueba: ¿Cómo podemos tener autonomía como equipo mientras se apoya el propósito de la organización?

**Antecedentes**: Tu equipo no se centra en las cosas que son más importantes, sino que tiene una idea tras otra.

**Hipótesis**: Aunque el equipo se auto-organice muy bien, no hay una clara comprensión acerca del propósito del equipo o, en otras palabras, hay una pasión que no está ligada a la responsabilidad por el objetivo común. En este caso, el objetivo global (el cual es muy probable que sea atender a las necesidades del cliente) no es claramente entendido. Dando exposición directa al cliente, el equipo se centrará en las necesidades de este.

**Experimento**: Establece una relación mas cercana con el cliente para que el equipo pueda entender (y, en el mejor de los casos, experimentar) la necesidad real del cliente. Organízate para que algunos miembros del equipo caminen y trabajen con los clientes y aprendan sobre sus demandas, experimentando el trabajo de los clientes por si mismos. El resultado esperado es que el equipo propondrá mejores ideas para resolver las necesidades del cliente y una mejor comprensión del objetivo común del equipo. Si es así, haz que el enfoque de caminar y trabajar con sus clientes sea una práctica para todos los equipos.

### Perspectivas de Todd Kromann, Walmart

Un pequeño séquito de cuatro *Agile coaches* fueron capaces de invitar a cientos de empleados y subcontratas del departamento TI de Walmart para cambiar la organización del trabajo, de un 10% *Agile* al 90% *Agile*, en menos de dos años. Simplemente invitamos a las personas que realizan el trabajo a un *Open Space*, más de 30 eventos de un día, cientos a la vez.

No impusimos una metodología, herramienta o métrica. Ofrecimos invitación, autonomía y opciones. Les pedimos a todo el mundo que encontraran formas de agilizar su trabajo. Ese fue el propósito y todas las ideas surgieron en la pared, de forma totalmente abierta y transparente. A medida que despegaba el trabajo, los *"Agile Champions"* ayudaron a los cuatro *coaches* a difundir la invitación y los resultados.

Formalmente, la empresa adoptó los conceptos de la agilidad tales como, la mentalidad del fundador, *Design Thinking* y *Team of Teams*. Estos fueron promovidos a nivel del CEO, y los *coaches* del área de TI tuvieron poca involucración. Walmart tiene varios "líderes de opinión" *Agile* en su comité de dirección y estos contribuyeron al efecto red.

Debido a que esto fue muy abierto, la historia es difícil de definir. El alcance podría ser tan bajo como 4000 o decenas de miles, dependiendo de a quién le preguntes. Se incluyeron a los departamentos comerciales de Bentonville (estaba abierto) y la gente de negocios generalmente optaba por asistir.

A día de hoy, recibo consultas para comprobar referencias de los *Agile coaches* de Walmart, y estas suelen venir de personas que nunca he conocido. Cualquiera de nuestros *"Agile Champions"* reclama el título. Creo que es un efecto colateral de una transformación abierta. Así que, el concepto de 4 *coaches*, es solo correcto en el sentido estricto de 4 personas que estaban a tiempo completo haciendo *coaching*. Al final, escalamos a 6 *coaches* a tiempo completo en Bentonville, y quizás, una docena en todo el mundo. Esto estaba federado, así que, nuevamente, es difícil de definir.

Mientras que los números son difíciles de precisar, no lo es el efecto red. Ahora somos 100% *Agile*, de forma que es más

> incomodo el optar por no participar que el hacerlo. Ya no te-
> nemos *Agile coaches*. Si preguntas a alguien de Walmart como
> llegamos a ser *Agile*, probablemente dirán que lo hicieron ellos
> mismos ;) Una transformación abierta es como una avalancha.
> Solo se necesita unas pocas bolas de nieve y después de eso, es
> un caos.

## Prueba: ¿Cómo podemos aprovechar la red existente?

**Antecedentes**: Según Karen Stephenson, en todas las empresas existen muchas redes de confianza para diferentes tipos de trabajo. Los líderes de estas redes, a menudo, influyen poderosamente en la estructura dinámica de la empresa ver Capítulo 7. ¿Podemos abordar directamente esta estructura de liderazgo, a menudo oculta, para obtener ayuda y lograr alineamiento?

**Hipótesis**: Si identificamos a los líderes de confianza ocultos y los reunimos, juntos podrán mejorar el alineamiento de la empresa para lograr el foco en el cliente.

**Experimento**: Realiza encuestas para determinar "¿En quién de la empresa confiamos más en lo que respecta a las relaciones con nuestros clientes?". El proceso de encuesta debe identificar personas que "conozcan cómo funciona realmente el sistema", "no hablarán si comparto un problema o error con ellos", "tienen una buena relación con los clientes" y/o "intuyen las necesidades de los clientes". Las personas identificadas son ahora visibles. Conforman la red de confianza que está alineada con el foco en el cliente. Presenta a las personas identificadas entre sí e invítalas a participar en un equipo multi-funcional específico. El equipo construye la cultura de la empresa presentando mejoras tales como, reducir el tiempo de respuesta para las solicitudes de clientes, la repetición del negocio o la minimización del desperdicio (por ejemplo, inventario sin vender, procesos innecesarios o muy complicados, producción en lugar de resultados, etc.). Todas estas mejoras deben medirse antes y después.

## *Feedback*

En la Parte II recomendamos:

- Tener evaluaciones de desempeño, objetivos individuales e incentivos alineados con el foco en el cliente. La estrategia es enfocar el sistema de *feedback* en las necesidades del cliente y no en otras necesidades de los accionistas. (Foco constante en el cliente)
- Separar los objetivos individuales del bonus. (Aprendizaje continuo)

### Prueba: ¿Hay una alternativa al enfoque de beneficios a corto plazo?

**Antecedentes:** La dirección señala que los clientes a largo plazo se están marchando, aunque todavía se está atrayendo a nuevos clientes. ¿Cuál es la causa de esta "pérdida de clientes"?

**Hipótesis:** Estamos dañando nuestra rentabilidad a largo plazo al centrarnos en las ganancias trimestrales y recortar costes y servicios para seguir impulsando los beneficios inmediatos. Si liberamos a un departamento seleccionado de nuestra última reducción de costes, lograrán que los clientes a largo plazo regresen y la deserción de clientes disminuirá.

**Experimento:** La forma convencional de descubrir más acerca de la causa de la pérdida de clientes sería encuestando a los clientes con más largo recorrido que se han ido y los que no. Sin embargo, estos métodos pueden ser caros y poco fiables, y ciertamente, no son creativos. Otro enfoque para obtener información podría ser el realizar una simulación en la que participen los clientes, o el equipo cree un perfil de persona que se aproxime a las reacciones de los clientes a varios escenarios. Además de ser menos costoso, este enfoque podría abrir más posibilidades para las nuevas ideas. Un diseño del experimento podría ser el tener un conjunto de actores que pertenezcan a un departamento que esté reduciendo costes y otro conjunto de actores que estén en un departamento que no esté implementando la reducción de costes anticipadamente. Ten un tercer conjunto de personas que juegue el papel de los clientes para ambos escenarios de departamentos, así hay cierta consistencia en el perfil de cliente. La medida se centraría en los reportes subjetivos del equipo de clientes sobre sus diferentes experiencias con los dos escenarios de departamento. Los informes de las personas que participan en los escenarios de departamento más los observadores independientes, darían perspectiva a la reacción de los actores que hacen de cliente.

Hay varias posibles variaciones. Por ejemplo, los actores que hacen de clientes podrían ser clientes nuevos y clientes ya existentes. ¿Los nuevos clientes obtienen un mejor trato que los clientes actuales? Los autores tienen experiencia personal con sus compañías telefónicas, donde los nuevos clientes obtienen ofertas especiales, pero la compañía nunca la ofrece a los clientes actuales.

La decisión podría ser el realizar la reducción en costes, pero la experiencia de la simulación podría modificar la estrategia de la reducción de costes para evitar cualquier efecto negativo identificado durante el experimento. O, quizás la decisión sea posponer la reducción de costes con la expectativa que la cantidad ahorrada sea compensada por la nueva facturación.

## Prueba: ¿Tendrá lugar el crecimiento individual alineado sin la motivación del bonus?

**Antecedentes:** A menudo, los objetivos individuales no se revisan y si el mercado cambia, los objetivos pueden quedar obsoletos. Si el objetivo no refleja el cambio de mercado y, además, está asociado a un bonus, la persona seguirá trabajando hacia ese objetivo, incluso si ha perdido sentido. Hemos observado situaciones tales como: un desarrollador de software que empuja al equipo a usar un lenguaje de programación específico, aunque no se ajuste al propósito del proyecto actual. ¡Su plan de desempeño dice que obtendrá un bonus si él aprende ese lenguaje de programación!

**Hipótesis:** Si separamos el pago de bonus/incentivos del proceso de aprendizaje, el crecimiento individual tendrá lugar alineado con la estrategia de la empresa.

**Experimento:** Comienza el experimento identificando dos unidades similares que estén usando un sistema de bonus conectado a los objetivos individuales, e identifica cuál será la unidad experimental y la unidad de control. Obtén el consentimiento de ambas unidades para participar en el experimento. Realiza medidas previas que consistan en notas auto-reflexivas, así como indicadores objetivos de desempeño, tanto individuales como a nivel de unidad. Luego, en la unidad experimental introduce diferentes formatos para reconocer el logro de diferentes habilidades. Deja de usar el sistema de bonus conectado a objetivos individuales para la unidad experimental (en su lugar, por ejemplo, reparte el bonus disponible por igual entre los miembros de la unidad). Si tienes condiciones cambiantes, aumenta la frecuencia de las evaluaciones de desempeño para que sean semanales, mensuales, trimestrales (ver Ismail y otros). Además, usa objetivos cualitativos que estén definidos de abajo hacia arriba, en lugar de una forma tradicional, donde los objetivos individuales son definidos de arriba hacia abajo (por ejemplo, con cuadros de mando integrales).

Por ejemplo, un objetivo individual que podría elegir una persona de ventas es el mejorar las conexiones empáticas. Otra persona de ventas podría querer conocer más sobre la línea de productos. El objetivo de una tercera persona, podría ser el mejorar la conexión entre las necesidades del cliente y la gente que crea el producto, aprendiendo a hablar ambos lenguajes. Ejemplos de resultados clave para el objetivo último podrían ser:

- Pasar un día cada dos meses acompañando a tu cliente en su actividad diaria para observar sus necesidades.
- Pasar un día cada dos meses acompañando a alguien del equipo de diseño de producto o fabricación de tu empresa para observar sus retos.
- Imparte una presentación conceptual a los diseñadores de producto de tu empresa, primero en el lenguaje del cliente y después traducido al lenguaje de los diseñadores de producto de la empresa.
- Atender a presentaciones similares de tus compañeros.

En las evaluaciones de desempeño, tanto para las unidades de control como para la experimental, guía la discusión con los siguientes tipos de preguntas, recordando que el dar mejor servicio al cliente es un beneficio secundario:

- ¿Qué aprendiste?
- ¿Cómo lo aprendiste?
- ¿Qué piensas aprender a continuación?
- ¿Qué aprendiste de tus compañeros?

Realiza una medida posterior de la unidad experimental y de la de control, usando los mismos parámetros que la medición inicial, tanto a nivel individual como a nivel de unidad. Compara los resultados. ¿Los resultados de la unidad experimental indican un crecimiento individual menor, igual o mayor? ¿Qué crees tú y las unidades participantes, que la empresa debe hacer con los resultados? Por ejemplo, si está funcionando bien, ampliarlo a más unidades. Si los resultados son ambiguos, ¿qué hemos aprendido?, ¿queremos intentar otro experimento con diferentes parámetros?

## Perspectiva de Eric Abelen, ING, Países Bajos

La gestión del desempeño como motor clave de la transformación empresarial *Agile* de *ING Bank*

Verano de 2015, la sede central de ING[a] en los Países Bajos, se embarcó en una gran aventura en masa para toda la organización: comenzó con un espectacular evento *big bang* en el estadio de fútbol del Ajax de Amsterdam, la organización se transformó en tribus y *squads*, inspirados en el modelo *Agile* de *Spotify*, y adoptó una forma de trabajo relacionada con *Agile*. En Youtube[b] hay un vídeo explicando los conceptos clave de la forma de trabajar de ING. Como es uno de los pocos ejemplos de transformación *Agile* que se intentó a una escala tan grande, se ha publicado mucho al respecto. Puedes consultar, por ejemplo, *McKinsey*[c] y *Mary Poppendieck*[d]. La división holandesa de ING lleva dos años en su camino *Agile* y está logrando buenos resultados. Hasta aquí todo bien.

Los cambios desplegados en la organización holandesa de ING han inspirado ahora la reinvención de la forma de trabajar de todas las entidades de ING en el mundo. En el verano de 2017, el CEO de ING, Ralph Hamers, anunció la ambición de ING de llegar a ser *un banco digital; una empresa de TI que ofrece servicios bancarios*. Esta empresa de TI adoptará fundamentalmente una forma de trabajo *Agile*, impulsada por la creencia que este enfoque reducirá el tiempo de comercialización y responderá más rápidamente a las necesidades cambiantes de los clientes; que reducirá los obstáculos y las transferencias para dar más espacio y empoderar a los individuos y equipos; y que desarrollará empleados más motivados, apasionados y emprendedores.

Ahora, la forma de trabajo *Agile* ya probada por ING en los Países Bajos, tendrá el reto de ampliarse, renovarse y reinventarse a si misma para funcionar en otras organizaciones de ING, cada una con su cultura geográfica única. La empresa tendrá que "aprender y adaptarse" a una escala nunca antes vista. Promete ser un viaje muy emocionante que tendrá un impacto positivo y fundamental en la cultura corporativa de ING, ya de por si, muy cambiante y orientada a la acción.

Hoy en día, la cultura corporativa de ING, quizás puede describirse mejor por el "Código Naranja"; un conjunto propio de valores y comportamientos empresariales que funcionan como el código de conducta de la empresa en todo el mundo. Los valores clave de ING son: ser honesto, prudente y responsable. Los comportamientos asociados con estos valores son: "lo asumes y lo haces realidad", "ayudas a otros a tener éxito" y "siempre estás un paso por delante". Este "Código Naranja" puede ser vinculado fácilmente con los principios *Agile*, que son de gran ayuda para integrar una mentalidad *Agile* en la cultura corporativa existente. En los procesos de selección y evaluación de ING, los empleados se clasifican según este "Código Naranja" para facilitar un diálogo de mejora. Es decir, vincular el "Código Naranja" con los principios *Agile* es una palanca eficaz para impulsar la discusión y reflexión necesarias.

Esta vinculación es importante porque los sistemas de evaluación son palancas claves para un éxito sostenible. En cualquier transformación *Agile*, la gestión del rendimiento es un tema desafiante. Pero al escalar hacia una colaboración *Agile* dentro de la empresa a nivel mundial, puede llegar a ser el factor de éxito clave para un éxito sostenible.

La gestión del desempeño es complicada por la simple razón de que es un sistema que proporciona información por sí mismo y, por lo tanto, se acerca al "ego". La mentalidad impulsa el comportamiento, y el comportamiento está fuertemente influenciado por el sistema de retroalimentación y la cultura de remuneración en la que uno funciona. Para desarrollar una cultura empresarial global, la transformación de ING también tendrá que reinventar la forma en la que se valora y califica las contribuciones de todos los involucrados.

Hasta la fecha, las contribuciones de los empleados de ING son calificadas a través de un marco de carrera laboral, escalas de trabajo y un proceso de establecimiento de objetivos de desempeño anual, coaching y recompensa (incluyendo los elementos del "Código Naranja" antes mencionados). En esencia, este establecimiento anual de objetivos es un enfoque "anticuado, no *Agile*", porque no estimula un dialogo continuo sobre el desempeño y una "mentalidad de crecimiento" (aprender haciendo, superando el fracaso, basado en el deseo intrínseco de mejorar). El actual proceso de gestión del desempeño ofrece la opción de incluir aprendizajes y cambiar objetivos a mitad de año, pero esa opción requiere una mentalidad *Agile* muy bien desarrollada, tanto del empleado como del jefe. Para impulsar el cambio cultural previsto, el sistema de evaluación empresarial de ING se ajustará en los próximos años para fomentar mejor la "mentalidad de crecimiento" y el valor relacionado del "aprender haciendo" reiterativo.

En departamentos de ING de los Países Bajos que ya tienen una inspiración *Agile*, se anima a los equipos a incluir acuerdos de equipo en las rondas de evaluación: un equipo define de forma colectiva su objetivo de evaluación, hace un seguimiento del progreso (clave para impulsar un diálogo continuo sobre el desempeño) y, al final del periodo de evaluación, todo el equipo al completo, se clasifica en función de esos criterios autodefinidos a través de una sesión grupal (retrospectiva). Todos los miembros del equipo obtienen la misma puntuación en ese elemento o elementos. Combinado con la puntuación en los otros criterios individuales definidos, se establece la puntuación de la evaluación final. En las áreas relacionadas con TI de ING, la decisión sobre las promociones se ha convertido en una actividad departamental completa. Durante los denominados "Días de desempeño" anuales, todos los empleados que reportan a una sección de TI, participan en un ciclo de revisión de desempeño que incluye una calibración de los candidatos para una promoción, basado en el modelo *Dreyfus* de niveles de experiencia.

Ciertamente, estos son buenos avances, pero por el momento, están más bien aislados unos de otros. Los departamentos de Recursos Humanos están trabajando en estandarizar políticas de gestión del desempeño globalmente, pero esto llevará tiempo, ya que RRHH necesita tiempo para captar por completo que implica una organización *Agile* y también porqué poner el foco en una harmonización global es un fenómeno relativamente nuevo en esta empresa. ING nunca ha sido gestionada como una multinacional. Las entidades locales de ING han sido gestionadas más bien como entidades independientes. Solo desde la estrategia *Think Forward* del CEO Hamers (que ahora incluye la cultura *Agile*) hemos puesto foco pleno de forma colectiva en la organización y los beneficios de la colaboración entre las diferentes entidades de ING entre países.

Mientras la mentalidad *Agile* no esté sistémicamente arraigada en la cultura corporativa de ING, la estructura de reporte de las entidades locales de ING (por país), podrían obstaculizar esa necesidad de colaboración entre países, porque esas estructuras de reporte locales pueden estimular la formación de silos y, por lo tanto, obstaculizar el crecimiento de una mentalidad *Agile* de compartir y aprender entre todas las entidades. Desde una perspectiva de la mentalidad, los principios claves de *Agile* no son ajenos a un entorno comercial, sin embargo, a menudo son considerados como tales. Esto quiere decir que, en algunas secciones de la empresa se necesitará un cambio de paradigma real en el pensamiento y cultura relacionada, así como en los procesos, especialmente cuando se incluyan sistemas de evaluación empresarial entre las respectivas organizaciones de ING. Este aspecto entre países es otra razón por la que necesitamos abordar este cambio de forma muy sistémica en todos los niveles de la organización.

En general, definir un sistema de "gestión del desempeño" que fomente sistémicamente, en lugar de dañar la cultura *Agile*, es un obstáculo grande y crucial para superar nuestro viaje hacia la agilidad empresarial de ING en todo el mundo. Al observar el ADN de la empresa y su gran historia de poder impulsar cambios exitosos rápidamente, estoy seguro de que saltaremos esa valla. Una vez que sintonicemos la autonomía con el alineamiento, de forma sistémica y auténtica en TODOS los segmentos y en TODAS las capas de esta empresa en proceso de digitalización, nos habremos convertido en esa empresa de TI, flexible, *Agile* y centrada en el cliente que ofrece servicios bancarios.

[a] https://www.ing.com/web/show
[b] https://www.youtube.com/watch?v=uXg6hG6FrG0
[c] http://www.mckinsey.com/industries/financial-services/our-insights/ings-agile-transformation
[d] http://www.leanessays.com/2017/01/the-end-of-enterprise-it.html

# 8.3 Equivalencia

En la parte II descubrimos:

- Haz que la información esté disponible y accesible a la gente que la necesita para hacer su trabajo (Transparencia).
- Toda la información necesaria es compartida (Transparencia).
- Los equipos auto-organizados tienen toda la información que necesitan para discutir un tema (Transparencia).
- Crea equivalencia: todo el mundo involucrado tiene la misma voz (Auto-organización).

## Prueba: ¿Qué sucedería si enfatizamos la transparencia a lo largo de toda la empresa?

**Antecedentes:** Por razones confidenciales (y no confiar en lo que sucederá si la gente lo sabe), a menudo, la información se mantiene en secreto. Por ejemplo, imagina que tienes un equipo grande que necesita dividirse en cuatro o cinco subequipos, que se enfocan en diferentes dominios comerciales. Lo discutes abiertamente con todo el mundo involucrado y, de forma conjunta, se desarrolla una forma de conseguir la división usando equipos auto-seleccionados.

Pero hay un secreto. Hay otro equipo en la empresa que será disuelto, pero sin despedir a nadie. Esta información es confidencial porque nadie sabe exactamente que sucederá cuando tenga lugar la disolución y RRHH teme que la gente abandonará antes de poder desarrollar una oferta atractiva. Algunas de las personas, es probable que quieran unirse a uno de los cinco nuevos subequipos. Si lo hacen, el proceso de auto-selección cambiará porque la dinámica del equipo será diferente. Una vez que la información esté disponible, la auto-selección cambiará. Si toda esta información llega a ambos equipos, es probable que se generen rumores de antemano y un impacto negativo en la confianza y el compromiso con la organización. Esta situación podría ser una oportunidad para ver los efectos de la transparencia de una forma "segura para fallar".

**Hipótesis**: Si la información se hace transparente, la organización puede beneficiarse invitando a todo el mundo a desarrollar ideas para mejorar la situación. Como resultado, el nivel de confianza y compromiso aumentará. En el ejemplo anterior, si al equipo que va a ser disuelto le decimos lo que está sucediendo y les invitamos a desarrollar ideas sobre cómo manejar el proceso de disolución y, si contamos lo que está sucediendo al equipo que va a ser dividido, muy poca gente se marchará y el nivel de confianza y compromiso aumentará en las unidades afectadas directamente, así como en otras partes de la organización.

**Experimento**: Para cuando te llegue el siguiente problema, invita a todo el mundo involucrado o interesado a una reunión. Explica la opinión de la empresa sobre los antecedentes y las limitaciones con respecto al problema. Recopila las ideas de todo el mundo acerca de como manejar dicho problema y considera estas ideas en un enfoque en el que todos den su consentimiento.

En el ejemplo dado, haz una medición previa de la moral, satisfacción y compromiso del conjunto al que ambas unidades pertenecen. Convoca una reunión con la unidad que se disuelve, haciendo explicito el compromiso de la empresa, informando a todos que la empresa quiere mantener a todo el mundo y tiene la intención de encontrar nuevas posiciones que resulten atractivas. Recopila las opiniones de todo el mundo acerca de cómo lograr ese objetivo. A partir de esas ideas, formula un plan al que todo el mundo de su consentimiento. Por ejemplo, podría surgir un plan para crear un subcomité para trabajar con RRHH. Después, ten una reunión con la unidad que va a ser dividida y solicítales que modifiquen su proceso de auto-selección ya desarrollado (pero todavía no ejecutado). Después de completar el proceso, repite la medición del nivel de moral, satisfacción y compromiso. Incluye la pregunta, ¿cómo podríamos haber manejado este proceso de forma diferente? Tenga en cuenta cuántas personas realmente abandonan la empresa de la unidad que se disuelve y mantén entrevistas de salida en profundidad con los que se vayan para entender el por qué. Realiza una retrospectiva para analizar los resultados. ¿Deberían ampliarse estos experimentos a otras partes de la empresa?

# 8.4 Experimentación

En la Parte II aprendimos:

- Primero, define una hipótesis, después experimenta en torno a esta hipótesis y aprende de los resultados, los cuales alimentan la próxima hipótesis. (Aprendizaje continuo)
- Pon el foco en el objetivo (foco en el cliente) de la empresa y promueve, no solo la formación, sino también la enseñanza y la investigación de forma organizada. La investigación incluye el compartir o publicar lo que estás aprendiendo con tus compañeros, así ellos pueden intentar replicarlo y validar tus conclusiones. (Aprendizaje continuo)
- Usa el fracaso como una oportunidad de aprendizaje y haz que sea transparente e independiente del área funcional en la estructura organizacional. (Aprendizaje continuo)
- Haz que tu trabajo y el progreso hacia el resultado sea transparente. (Transparencia) A menudo es información in-

comoda, pero sino la conoces no puedes actuar sobre ella. (Transparencia)

- La información está basada en hechos verificables (como una entrega en concreto). (Transparencia)
- Utiliza un MVP, un mínimo producto viable, para probar sobre el terreno. (Foco constante en el cliente)

## Prueba: ¿Podemos ser más científicos?

**Antecedentes:** Tal y como mencionamos en la Parte II, el proceso científico espera que hagas una búsqueda bibliográfica como parte de tu proceso del desarrollo de una hipótesis. También requiere que escribas y envíes tus resultados para la revisión de tus compañeros y su publicación. No somos conscientes de alguna empresa que respalde el proceso científico al completo en torno a sus sistemas de gestión y gobierno. Si contratas a científicos en áreas técnicas de trabajo, es probable que se les anime a publicar y a asistir a conferencias científicas, pero solo los científicos técnicos reciben ese estímulo. Como resultado, las empresas de todo el mundo están intentando aprender la misma lección de forma aislada entre si y, de hecho, es poco probable que unidades de la misma empresa compartan los aprendizajes de su experimentación. No hace falta mencionar que esta situación es ineficiente.

En las disciplinas de BOSSA nova, encontramos que solo la *Agile Alliance* admite un intercambio completo de experimentos de aprendizaje siguiendo el enfoque científico (ver AgileAlliance Experience Reports). *"Beyond Budgeting"*, *"Open Space"* y Sociocracia, de una forma u otra, fomentan la publicación, pero esas publicaciones no están revisadas por compañeros, ni fácilmente accesible. Nuestra experiencia dentro de las empresas es que, algo cercano al proceso de publicación científica sólo ocurre cuando hay un uso muy extensivo de *Agile*, pero esto solo ocurre en algunas empresas.

**Hipótesis:** Si creamos una revista interna revisada por compañeros para la experimentación en prácticas de gestión y animamos a todos en la empresa a buscar en esta revista antes de intentar probar con experimentos, encontraremos un aumento en el pensamiento colaborativo entre las diferentes áreas de la empresa. Además, si fomentamos la publicación de estos artículos (revisados para eliminar información sensible de la empresa), veremos procesos científicos más completos en la empresa.

**Experimento**: Establece una revista interna revisada por los propios compañeros para informar sobre los experimentos de prácticas de gestión con una fecha de revisión de nueve meses. Si el número de artículos contribuidos, el número de gente interesada en la revisión y el número total de visitas a la revista aumentan durante los nueve meses, entonces continúa con la revista.

## Prueba: ¿Podemos aprender de los fallos?

**Antecedentes**: Algunos miembros de la alta dirección pueden decir que quieren aprendizaje continuo, pero son reticentes a publicar sus propios fallos o decir que tienen incertidumbre sobre una situación dada y están intentando aprender de ella. Necesitan una salida a esta trampa de "haz lo que decimos, no lo que hacemos" para que así puedan ser modelos eficaces para el resto de la organización.

**Hipótesis**: Si la alta dirección, incluyendo el consejo de administración, emite una declaración sobre algún tema específico que habla sobre errores del pasado y aprendizajes de los mismos, y/o incertidumbre sobre una situación y las hipótesis que surgieron para enfrentarla, la organización desarrollará una cultura de aceptar y aprender del fracaso.

**Experimento**: Haz una medida previa de hasta qué punto la organización es transparente sobre la información incomoda. Esta medida podría incluir un punto de verificación al azar de las retrospectivas publicadas (una síntesis de resúmenes o incluso aquellas que solo se publican en carteles en las áreas de trabajo). Otra forma podría ser una evaluación de errores repetidos, tales como trabajo no completado, entregas perdidas y las mismas quejas de los clientes.

Y para el consejo de administración y la alta dirección, pequeños indicadores tales como elementos repetidos en la agenda, temas tratados varias veces, instancias repetidas de espacio no reservado en las agendas para desarrollar el pensamiento generativo; o grandes indicadores, tales como oportunidades perdidas por iniciativas "sorpresa" de la competencia o nuevos mercados. Después, emite tres declaraciones, con dos meses de diferencia, indicando los errores cometidos, lecciones aprendidas, la incertidumbre que se está experimentando y cómo están probando esa incertidumbre. Repite las medidas previas para ver si hay algún cambio. Si el cambio es positivo, sigue reforzando la nueva cultura, por ejemplo, encontrando formas de reconocer a aquellos quienes ejemplifican este nuevo modo de comportamiento.

**Experimento**: El experimento previo podría intentarse en una escala más pequeña. Por ejemplo, varios jefes podrían realizar una retrospectiva sobre sus actividades recientes y publicar sus aprendizajes simplemente colocando un par de carteles en un área prominente. Incluso pueden publicar las conclusiones de estas reuniones en la wiki de la empresa y mantener discusiones periódicas sobre las conclusiones entre los diferentes roles de la jerarquía, quizás en un formato de *Open Space*. Las medidas de la efectividad podrían ser similares.

## 8.5 Reflexión

Para desarrollar habilidades de indagación reflexiva (ver Stacey), sugerimos seguir el formato de "Acción Adaptativa" del modelo *Human Systems Dynamics* mostrado en el Capítulo 6, Aprendizaje continuo (ver Eoyang & Holladay):

Por favor, tómate tu tiempo para recapitular las diferentes pruebas que se han presentado en este capítulo.

............... (Estos puntos quieren decir que estamos esperando a que lo hagas) ;-)

¿Cuáles son tus impresiones sobre estas pruebas? Escríbelas.

............... (Estamos esperando)

¿Cuál consideras que es tu próximo paso según tu contexto? ¿Cuál es el que trata más de tu situación actual? ¿Cuáles son tus planes para intentarlo?

............... (Estamos esperando)

¡Nos vemos en un rato en el próximo capítulo!

# 9. Estructura

Desde una perspectiva instrumental, *una empresa tiene una organización*, la cual es reflejada en su propia estructura. Ahora exploraremos los efectos en la estructura al implementar la agilidad en toda la empresa.

## 9.1 Equipos multifuncionales

El resumen de la Parte II:

- Multifuncionalidad para incluir todas las perspectivas necesarias. La variedad de perspectivas debe equilibrarse con el objetivo común. (Auto-organización)
- Usa un equipo multifuncional para que el foco en el cliente se entienda desde todos los ángulos (diferentes perspectivas). (Foco constante en el cliente)
- Confiar en equipos/grupos auto-seleccionados enfatiza la confianza en la sabiduría de las personas y sus interacciones. (Auto-organización)

### Prueba: ¿Es realmente útil la multifuncionalidad?

**Antecedentes**: La multifuncionalidad a menudo aparece en organizaciones tradicionales solo en situaciones de crisis, cuando crean un grupo de trabajo formado por todos los que conocen la situación en crisis y les dan carta blanca para solucionar el problema.

**Hipótesis**: Sabemos cómo un equipo multifuncional ayuda a solucionar los problemas en tiempos de crisis, ¿por qué no implementarlo como una práctica regular?

**Experimento**: Identifica un problema persistente, de gran importancia pero que no sea una gran crisis, facilita la formación de un equipo multifuncional con las áreas de experiencia relevantes y empodera al equipo para resolverlo. En otras palabras, cuentan con el apoyo de los jefes, estos eliminan todas las formalidades, etc. Resolver ese problema debe ser el único objetivo compartido del equipo. Identifique otro problema como un "problema de comparación" y no cambies la responsabilidad actual de resolverlo. ¿Cómo de rápido y con que calidad es resuelto el problema en comparación con el problema que no tuvo a un equipo multifuncional? ¿Valió la pena el tiempo invertido por el equipo multifuncional según el valor del problema? Si el problema fue resuelto más rápido que el "problema de comparación", ¿cuál fue el valor de esa rapidez? Si tiene éxito, ¿de qué otra forma se puede probar el concepto de equipo multifuncional?

# 9.2 Relación con el cliente

En la Parte II dijimos:

- Establece una relación bidireccional con el cliente. (Foco constante en el cliente)
- Considera establecer un dueño de producto para mantener esa relación bidireccional. (Foco constante en el cliente)

## Prueba: ¿Puede mejorar la relación con el cliente las reuniones reflexivas?

**Antecedentes**: La experiencia de los autores es que si no hay un tiempo de "foco en el cliente", asumimos cosas sobre el cliente que pueden ser ciertas o no. Parece que independientemente del tipo de negocio, no hay suficiente tiempo de reflexión para considerar cómo de bien estamos dando servicio al cliente. El resultado es que es imposible mantener una relación de alta calidad con el cliente.

**Hipótesis**: Si establecemos reuniones de reflexión regulares en cada nivel de la organización (algo similar al tiempo de reflexión que te pedimos al principio de esta parte, la calidad del servicio proporcionado al cliente, aumentará.

**Experimento**: En algunas unidades específicas de la organización, establece un ritmo regular de reuniones para reflexionar sobre cómo de bien la unidad proporciona su servicio al cliente. Haz que el dueño del producto esté presente, o nombra a alguien que haga ese rol. Para determinar qué adaptaciones se necesitan para dar un mejor servicio, toma las decisiones solo por consentimiento. Si es posible, identifica otras unidades relacionadas como referencia de control para tener reuniones, pero no reuniones de reflexión con los dueños de los productos. Compara los resultados de la unidad experimental y la unidad de control con cualquier herramienta de satisfacción de cliente que utilices habitualmente, tales como *Net Promoter Score* (NPS), *focus group*, etc. Si los resultados son positivos, considera ampliar el uso del rol de dueño de producto y las reuniones de reflexión.

Una variación de este experimento es el uso de personas que representen a tus clientes.

## 9.3 *Feedback*

Sin estructura, no hay *feedback*. La estructura ayuda u obstaculiza el dar y recibir *feedback*. Por lo tanto, el *feedback* requiere su propia configuración, que permita el aprendizaje continuo entre los diferentes equipos, roles y jerarquías.

# Doble enlace

En la Parte II dijimos:

- Doble enlace para crear una unión de abajo hacia arriba (junto al enlace habitual de arriba hacia abajo), el cual construye un ciclo de *feedback* en la jerarquía. (Auto-organización)
- Permite que el consejo de administración esté abierto a *feedback* por parte del cliente y sean medidos por este. (Foco constante en el cliente)
- La estructura es tener representantes del personal que actúen como miembros de pleno derecho en las reuniones (representante de doble-enlace), así como otros representantes externos que tienen diferentes perspectivas del cliente. (Foco constante en el cliente)
- Incluir a los accionistas (consejo de administración) en el foco en el cliente, de forma que no se queden fuera del proceso. (Foco constante en el cliente)

## Prueba: ¿Puede el consejo de administración tener al CEO y a un representante electo sin interferir en el trabajo del consejo?

**Antecedentes:** Existen muchas filosofías, e incluso restricciones legales sobre quién puede estar en el consejo de administración. Por ejemplo, en una corporación tradicional, los miembros del consejo de administración son solo representantes de los accionistas. Algunos teóricos de organizaciones sin ánimo de lucro (ver Carver), dicen firmemente que el CEO debe estar al servicio del consejo y no un miembro más. Sin embargo, para ser *Agile*, el consejo debe recibir *feedback* de la organización que no puede ignorar, así como de los *stakeholders* y de los accionistas. Incluso si el consejo de administración está interesado en mejorar su capacidad de colaboración incluyendo diferentes tipos de miembros, puede verse prohibido por sus estatutos. Sin embargo, el consejo puede crear un espacio para experimentar empleando un dispositivo parlamentario conocido como "comité del todo". Cualquier consejo de administración puede establecer comités. Estos comités pueden incluir gente que no pertenecen al consejo. Un comité de todo el conjunto incluye a todos los miembros del consejo. Al reunirse como comité, pueden tener participación plena miembros que no pertenezcan al consejo.

**Hipótesis**: Un consejo puede experimentar con cambios en su estructura y membresia usando un "comité del todo", incluso si estos cambios parecen estar prohibidos por la regulación o los estatutos. Con esta adaptación, se puede experimentar fácilmente el uso del doble enlace.

**Experimento**: Establece un "comité del todo". Invita al CEO y a un representante electo (los dos dobles enlaces) y algunos expertos externos de sectores clave del entorno de la organización. Toma decisiones por consentimiento. Al final de cada reunión, ten una reunión oficial del consejo de un minuto en la que los miembros votan adoptar las decisiones tomadas por el "comité del todo". Utiliza este formato para, al menos, tres reuniones del consejo de administración, evaluando cuidadosamente cada reunión. Si la evaluación es positiva, busca formas de cambiar los estatutos para adoptar esta nueva configuración y el método de toma de decisiones usados en el "comité del todo" de forma permanente.

### Perspectiva de Pieter van der Meché, *The Sociocracy Group*

El principio de consentimiento por si solo no es suficiente para potenciar la cooperación entre distintos niveles organizacionales. Debe haber una conexión de doble enlace: tanto un líder operativo como un representante electo. Es particularmente valioso para hacer florecer y guiar la tensión entre las capas organizativas en torno a temas controvertidos. En un caso, la dirección de una organización tuvo que firmar un plan social con los sindicatos en el plazo de dos semanas. El plan tuvo consecuencias de gran alcance para las pensiones, quién iba a ser despedido primero, etc. El CEO había discutido solo con su equipo directivo y nunca fue compartido en el círculo general. El CEO dudó en ponerlo en la agenda debido a la proximidad de la fecha límite. "Supongamos que uno de los representantes tiene una objeción fundamental. No hay tiempo para lidiar con ello". Sin embargo, le aconsejé que lo mencionara en la reunión y explicara el problema del tiempo. Mantener un tema tan crítico fuera de la reunión del círculo sería una fuente de desconfianza y duda sobre si la dirección se toma en serio la estructura sociocrática. Así que, la CEO así lo hizo.

En la primera ronda quedo claro que los representantes no entendieron el plan y que no sabían que la organización estaba en una situación financiera tan mala. Ellos se quedaron en *shock*. Temieron también la reacción de sus compañeros, especialmente contra ellos mismos, ya que ellos serían corresponsables de las inevitables posibles consecuencias del plan social en sus compañeros. Quizás esto era algo en lo que ellos no tenían que estar involucrados. Decidí intervenir. "Puedes abandonar la reunión o abstenerte de participar en la toma de decisiones sobre este tema. Eso implicaría que delegas la toma de decisiones en las personas que se quedan. Lo cual está bien, pero es algo que tendrás que explicar a tus compañeros. Explícales que tenías la oportunidad de dirigir la toma de decisiones de tal forma que la decisión final también tenía tu consentimiento pero que decidiste que no fuera así y permitir que otros, léase la dirección, tomara la decisión por ti. Lo que quiere decir que renuncias al poder de tu círculo para influir en la toma de decisiones en el círculo general". Los representantes decidieron quedarse. Incluso estaban dispuestos, si era necesario para salvar la organización, a dar su consentimiento al plan. Aunque esperaban que sus colegas también estuvieran molestos y que podría llevar meses calmarlos. Al ver la angustia de los representantes, la CEO propuso pedir a los sindicatos que cambiaran el plazo para ganar tiempo.

Pero, ¿cómo llevar ese mensaje al resto de la organización de forma que sea un estímulo para unir fuerzas y salvar puestos de trabajo? Los representantes propusieron una reunión para todos los empleados donde la CEO explicó la difícil situación en la que se encontraba la organización y explicó el plan social. Después de la reunión, cada círculo tendría tiempo para discutir por sí mismo y proporcionar, al representante y a la dirección, información que podrían llevar a la reunión del círculo general para tomar una decisión sensata. Esto fue consentido, ejecutado y funcionó bien.

¿Cuál es el aprendizaje aquí? Lo primero de todo es que como CEO o como equipo directivo se pierde información crítica para lograr el objetivo. En este caso, no conocían o subestimaban la reacción de la gente que lideraban. En segundo lugar, fue la combinación de representantes, una reunión del círculo y el principio de consentimiento lo que habilitó que la información se incorporara al proceso de toma de decisiones y mejorara el resultado. Y tercero, para que una decisión sea efectiva necesitas tener en cuenta el tiempo que lleva generar una decisión bien diseñada y aceptada, en lugar de centrarse unicamente en un plazo autoimpuesto.

En este caso, hay otro aprendizaje que tiene un significado general. La CEO dudó en traer un elemento crucial al círculo: compartir el pensamiento para decidir el tema. Y los representantes dudaron en asumir la responsabilidad de resolver el problema, en aceptar compartir el poder de decidir. Ambos tuvieron que dar un paso hacia la toma de decisiones compartida y compartir la responsabilidad de las decisiones; cuando lo hicieron, todos ganaron gracias a la capacidad de tomar mejores decisiones y una mejor cooperación. Es una de las transformaciones clave que puede aportar la sociocracia. La experiencia nos dice que esta transformación no se realiza de inmediato, es decir, firmando una "constitución" o siguiendo una formación. Es un proceso que lleva tiempo y necesita el apoyo de expertos sociocráticos certificados y con experiencia que hayan pasado por este proceso ellos mismos.

## Múltiples *stakeholders*

La Parte II afirma:

- Establece un control de la empresa por parte de múltiples *satekholders*. Aborda este problema fundamental proporcionando un estructura legal específica para establecer un entorno en el que existan varios *stakeholders*. (Foco constante en el cliente)

### Prueba: ¿Debemos cambiar nuestra estructura legal?

**Antecedentes**: Si has experimentado teniendo al CEO, un representante electo y *stakeholders* externos en el consejo de administración, tal y como sugerimos anteriormente en este capítulo, puedes querer dar el próximo paso y asentar este modelo a tu estructura legal. Experimentar con el cambio de tu estructura legal podría ser difícil porque es un gran paso, hacerlo es caro, puede tener consecuencias desconocidas y difícil de deshacer una vez hecho.

**Hipótesis**: Si cambiamos nuestra estructura legal para incorporar los principios de BOSSA nova, habrá un gran beneficio al enfocar la pasión del personal y aumentará su compromiso con la empresa.

**Experimento**: Podemos probar este posible paso utilizando nuestras redes informales como una forma de conducir experimentos *indirectos* que serían un desafío hacerlos por nosotros mismos. Hablar con nuestras redes equivaldría a hacer nuestra propia investigación. Investiga las redes de la comunidad empresarial. A continuación se muestran algunos ejemplos de experimentos con la estructura legal que podrían ser interesantes para evaluar en su propia empresa:

- Corporaciones benéficas: para minimizar el daño que puede ser realizado por la adquisición hostil de empresas locales, varios estados de los EEUU han creado una forma de corporación conocida como corporaciones benéficas. Esta forma legal permite a las corporaciones que proporcionan beneficios medibles a la sociedad, colocar a personas que no son representantes de los accionistas en su consejo de administración y tomar decisiones en beneficio de la sociedad y no necesariamente en el mejor beneficio de los accionistas.

- Ley Volkswagen: El estado de Baja Sajonia tiene una participación con derecho a voto de un 20,2%, lo que le da la capacidad de vetar grandes decisiones y evitar adquisiciones por parte de otros accionistas, independientemente del alcance de la propiedad. También permite al gobierno de Baja Sajonia nombrar a dos miembros del consejo de administración de Volkswagen. (Ver VolkswagenAct)

- Sociocracia recomienda una doble organización en la que una organización convencional con ánimo de lucro posea un numero mínimo de acciones de control. Una fundación controla esa participación. Otros tipos de acciones pueden recibir dividendos pero no tienen el control. Los miembros de la junta fundacional y el consejo de administración son idénticos y certifican que votarán cada asunto de forma igual. Ambas juntas deciden por consentimiento. Por lo tanto, la corporación, en esencia, se posee a si misma y es inmune a adquisiciones hostiles.

- Las empresas de responsabilidad limitada (LLC - *Limited Liability Companies*) son sociedades que brindan protección de responsabilidad a dicha corporación. En EEUU, la estructura de este tipo de empresas está mínimamente regulada por el estado. Por lo tanto, una LLC puede escribir sus acuerdos operativos (equivalente a los estatutos corporativos) de cualquier forma como deseen sus miembros.

- En los Países Bajos hay una exención de la ley que exige comités de empresa si la compañía está estructurada de forma sociocrática. El motivo es que la doble vinculación garantiza que todos los empleados, desde abajo hacia arriba, están involucrados en la toma de decisiones políticas.

Si encuentras alternativas atractivas en tu investigación, puede haber formas de probar características específicas de las nuevas estructuras legales. Por ejemplo, la prueba discutida anteriormente ¿Puede el consejo de administración tener al CEO y a un representante electo sin interferir en el trabajo del consejo?

## Perspectiva de Jez Humble, *DevOps Research and Assessment LLC*

Un obstáculo común para la adopción de métodos ágiles en grandes empresas es la contratación. El gobierno federal de Estados Unidos gasta más de 86.000 millones de dólares anuales en contratación de proyectos de TI. La mayoría de los proyectos cuestan cientos de millones de dólares y su construcción requiere entre 5 y 10 años. Cuando están finalizados, estos contratos suelen entregar sistemas con retrasos, no se ajustan a su propósito o utilizan una tecnología que está obsoleta en el momento de la entrega.

En lugar de entregar proyectos de una sola vez, algunos equipos del gobierno federal han estado utilizando una práctica conocida como contratación modular. En este paradigma, cada uno de los contratos es pequeño, dura unos pocos meses (comúnmente seis meses) y se entrega un incremento de trabajo que genera valor.

18F, un equipo de consultoría dentro de la Administración General de Servicios, creó un vehículo de contratación conocido como *Agile Blanket Purchase Agreement* (BPA). Para poder trabajar bajo este acuerdo, los proveedores tenían que construir un prototipo funcional en un intervalo de días, con su código *Open Source* y disponible en GitHub.

Con contratos adjudicados bajo el Agile BPA y en línea con

los principios de "Más allá del presupuesto", las agencias trabajan con los proveedores para pasar la solicitud del inicio del contrato en semanas, en lugar de meses, y entregar un sistema funcionando en unos pocos meses en lugar de años o nunca. El sistema puede ser extendido y mejorado mediante órdenes de trabajo adicionales. Todo el software creado a través del Agile BPA debe ser de código abierto, y todo el desarrollo debe ocurrir en un repositorio público de control de versiones (el repositorio del primer producto desarrollado a través de Agile BPA está disponible en https://github.com/truetandem/fedramp-dashboard).

Las nuevas solicitudes están publicadas en https://ads.18f.gov/, donde está resumido el Agile BPA: "Lo más importante para nosotros es la capacidad de enviar software de alta calidad funcionando. Planeamos emitir órdenes de tareas ... que permiten tiempos más cortos, cantidades de dólares más pequeñas y principios de diseño centrados en el usuario". Puedes encontrar más información acerca de la contratación modular en: https://modularcontracting.18f.gov/.

## La creación, no el apoyo, es lo importante

En la Parte II aprendimos:

- Los departamentos que proporcionan soporte a otros departamentos que sirven directamente al cliente deben colaborar y no controlarse los unos a los otros (Foco constante en el cliente).

## Prueba: ¿Sería más valioso establecer relaciones conscientes entre los equipos de producción y de servicios de soporte?

**Antecedentes:** Muchos equipos de servicios de soporte tales como, control de calidad, recursos humanos, finanzas y seguridad, tienden más al control que a ofrecer soporte, y tienden a llegar muy tarde en el proceso productivo. La impresión (probablemente injusta) de los equipos que directamente sirven al cliente es que los equipos de servicios de soporte solo operan desde listas de verificación con mucho rigor y no por lo que se debe hacer en este momento o lo que se necesita con el cliente en particular.

**Hipótesis:** Si los equipos de servicios de soporte entienden que el equipo productivo es su cliente directo, o en otras situaciones si el equipo productivo entiende que los equipos de servicios de soporte son su cliente directo, pueden ser más proactivos trabajando juntos en la producción para servir a los clientes externos de la empresa.

**Experimento:** Para un proyecto específico, el equipo productivo invita a los equipos de servicios de soporte al principio del proyecto y los trata como *stakeholders* (ver Larsen & Nies). Se les pide que describan sus necesidades. Se prioriza esas necesidades como cualquier otro cliente. Se miden los resultados preguntando "¿Cómo va la relación entre los equipos productivos y de servicios de soporte?" en cada retrospectiva del proyecto. Registra los comentarios en detalle de forma que tengas una documentación del experimento. También puedes basar estos comentarios en medidas cuantitativas como los tiempos de entrega y de espera.

En un experimento de este tipo con un cliente, los autores escucharon decir a los equipos de servicios de soporte: "Por primera vez, nuestro trabajo parece ser apreciado". Y, por otro lado, el equipo productivo no vio a los equipos de servicios de soporte nunca más como un sufrimiento, sino más bien como socios que brindan ayuda para atender a los clientes externos de la empresa.

## 9.4 Reflexión

Para desarrollar la habilidad de indagación reflexiva (ver Stacey), sugerimos seguir el formato de "Acción Adaptativa" de *Human Systems Dynamics* en el Capítulo 6, Aprendizaje continuo (ver también Eoyang & Holladay):

Por favor, tómate tu tiempo para recapitular las diferentes pruebas que se han presentado en este capítulo.

............... (Estos puntos quieren decir que estamos esperando a que lo hagas) ;-)

¿Cuáles son tus impresiones sobre estas pruebas? Escríbelas.

............... (Estamos esperando)

¿Cuáles son tus impresiones sobre estas pruebas? Escríbelas.

............... (Estamos esperando)

¿Cuál consideras que es tu próximo paso según tu contexto? ¿Cuál es el que trata más de tu situación actual? ¿Cuáles son tus planes para intentarlo?

............... (Estamos esperando)

¡Nos vemos en un rato en el próximo capítulo!

# 10. Proceso

La perspectiva funcional se refiere a cómo *la empresa está siendo organizada*. Estamos mirando a los procesos y procedimientos que dirigen el trabajo diario.

## 10.1 Técnicas de reuniones

En la Parte II animábamos a:

- Hacer retrospectivas para adaptar el proceso (y estructura) a las necesidades actuales. (Auto-organización)
- Procedimientos de toma de decisiones basados en el consentimiento para crear equivalencia - la misma voz para todo el mundo involucrado. (Auto-organización)
- Organiza reuniones abiertas en las cuales cualquier persona a la que le interese el tema es invitada a asistir o incluso convocar la reunión, y el tema es la prioridad. Pueden surgir cosas totalmente nuevas y la planificación se concentra en esa prioridad. (Auto-organización)
- La "identificación de las dimensiones" (*Picture forming*) se emplea para recopilar información relevante antes de desarrollar la solución. (Transparencia)
- Un proceso consiste en incluir el *feedback* del cliente en cada reunión del consejo de administración. (Foco constante en el cliente)

## Prueba: ¿Puede la reflexión del grupo mejorar la resolución de problemas?

**Antecedentes:** Con demasiada frecuencia, los equipos buscan soluciones antes de comprender realmente la solución o el contexto, es decir, antes de tener una idea clara del desafío al que se enfrentan o la oportunidad que tienen delante. Terminan con un gran desorden, por ejemplo, al encontrar soluciones para abordar solo los síntomas o abordando problemas que en realidad no tienen. Los problemas reales siguen volviendo. Los autores, por ejemplo, han visto situaciones en el desarrollo de software en las que las retrospectivas al final de cada *sprint* siguen abordando básicamente los mismos problemas.

La disciplina de la "identificación de las dimensiones", antes de buscar soluciones, aborda la necesidad de tener un entendimiento común. La "identificación de las dimensiones" básicamente significa reflexión grupal. Comenzamos esta parte animando a la reflexión personal, pero también podríamos haber animado a la reflexión como grupo. Hay una serie de herramientas para esta "identificación de dimensiones" grupales que incluyen el método Kepner-Tregoe, la indagación apreciativa, DAFO (Debilidades, amenazas, fortalezas y oportunidades) (ver Mulder, Cooperrider, y DAFO) y el *Viable System Model* para el entendimiento y simplificación de sistemas organizacionales (ver Beer). Sociocracia sugiere otro procedimiento: haz que cada persona por turnos ("en una ronda") describa su visión de la situación, anote sus comentarios en pizarras, organice los comentarios y confirma que el grupo tiene una foto "suficientemente buena por ahora".

**Hipótesis:** Si aplicamos estrictamente que la "identificación de las dimensiones" sea el primer paso para abordar cualquier oportunidad o reto, los equipos "resolverán el problema" con precisión.

**Experimento:** Identifica dos equipos que sean una muestra representativa de tu empresa o unidad. Mida previamente su comprensión de la resolución de problemas pidiendo a las personas de los equipos que describan el proceso de resolución de problemas que siguen en el equipo. Pídeles que incluyan ejemplos y autoevalúen su eficacia. Por ejemplo, usa una escala del 1 al 7 acompañada de la posibilidad de hacer comentarios. Enseña a uno de los miembros a realizar la "identificación de las dimensiones", enfatizando que deben evitar conscientemente sugerir soluciones (Un facilitador puede establecer que cualquier solución sugerida sea puesta en un panel separado y redirigir la atención a describir el problema). Al final de la sesión, pide a los miembros del equipo que anoten sus impresiones acerca de la utilidad del proceso. Un mes después, repite la medida previa como medida posterior, evaluando nuevamente el proceso general de resolución de problemas de ambos equipos. Si los resultados son positivos, repite el experimento con más equipos para valorar los resultados y sentar las bases para expandir el requisito de realizar la "identificación de las dimensiones" para todos los equipos (incluido el consejo de administración).

## Prueba: ¿Cómo podemos incluir el *feedback* del cliente en cada reunión del consejo de administración?

**Antecedentes:** No todas las decisiones del consejo de administración son el mejor interés del cliente. Por ejemplo, somos conscientes de una organización profesional internacional que promueve y apoya a sus clientes (practicantes de un proceso de asesoría especial) con un sitio web elaborado que ayuda al público a encontrar un socio cercano. El consejo de administración decidió ahorrar dinero recortando en el sitio web. El gerente de la organización intentó advertirles que no lo hicieran. Los resultados fueron como el gerente predijo, una gran insatisfacción del cliente. Más de la mitad de los clientes se fueron y la organización se vio inmersa en una crisis.

**Hipótesis:** Si el consejo de administración valida las decisiones propuestas preguntando "¿Cómo se verán impactados nuestros clientes?" antes de dar por finalizada la decisión, mejorará la calidad de las decisiones.

**Experimento**: Antes de adoptar formalmente una propuesta, el facilitador de la reunión del consejo de administración le pregunta a cada persona presente: "¿Cómo crees que nuestros clientes percibirán y serán impactados por esta decisión propuesta?". Si cualquier miembro del consejo expresa dudas sobre el impacto positivo en el cliente, el facilitador guía la mejora de la decisión. Al final de la reunión, el facilitador realiza una evaluación de la reunión preguntando a cada participante: "¿Cómo han afectado las preguntas centradas en el cliente a la calidad de nuestras decisiones?". Si el efecto fue positivo, continúa con esta técnica en sucesivas reuniones.

# 10.2 Entendiendo a tu cliente

En la Parte II descubrimos:

- Asegúrate de que el cliente puede aprender de las entregas y que la empresa pueda aprender del cliente a través del proceso de producción. (Foco constante en el cliente)
- Observa y entiende las necesidades de los usuarios finales. Emplea el concepto de personas para asegurar este entendimiento. (Foco constante en el cliente)
- Construye escenarios o más bien historias de usuario para comprender como el producto o servicio ayudará a solucionar los problemas del usuario final. (Foco constante en el cliente)
- Asegúrate de obtener *feedback* temprano y frecuente de tu cliente para así, construir el producto correcto, esto quiere decir iterar, iterar e iterar otra vez. (Foco constante en el cliente)

## Prueba: ¿Pueden nuestros clientes aprender de nosotros y esto ser atractivo para ellos?

**Antecedentes:** La industria del software ha llegado a ser experta en el uso de *Agile* para desarrollar el aprendizaje del cliente. Los clientes profundizan en el entendimiento de sus propios requerimientos jugando con software tal cual se ha entregado al final de los *sprints*. Aprenden generando diferentes ideas sobre cómo el producto podría respaldar mejor su proceso. Incluso pueden obtener información sobre cómo mejorar el proceso.

No está tan claro cómo brindarles a los clientes esta experiencia en otros dominios comerciales, particularmente en aquellos tradicionales donde existen patrones establecidos, por ejemplo, negocios de atención médica o restaurantes. Sin embargo, los autores son conscientes de algunos ejemplos de innovación en negocios clásicos. Por ejemplo:

- Un restaurante pide a sus clientes, antes de tomar nota del pedido, que digan: "por favor, digan el nombre de alguien por quien sientan gratitud". El aprendizaje que tiene lugar es la profundidad que surge de la reflexión. Es probable que los clientes del restaurante dialoguen de una forma diferente con el camarero y entre ellos y obtengan nuevo conocimiento sobre los valores de los demás.
- Un centro de cuidado de ancianos obtiene alimentos a través de una gestión directa de la granja a la mesa. También transporta a los residentes a la granja para observar las operaciones de la granja e incluso, hacer ciertas partes del trabajo agrícola si así lo desean.
- Una empresa de calzado involucra a los clientes en el proceso de diseño o más bien deja que los clientes diseñen sus propios zapatos. Los clientes obtienen un profundo entendimiento de cómo caminan y los requisitos de su cuerpo.
- Algunas instituciones de tarjetas de crédito permiten al cliente configurar la fecha en la que recibirán la factura de su tar-

jeta de crédito. Este empoderamiento significa que el cliente puede cambiar la duración de su crédito (dentro de algunos límites). Algunas instituciones también permiten al cliente definir el límite superior del crédito, lo que ayuda a algunos clientes a no gastar más de lo que pueden pagar y además reduce el riesgo de abuso en caso de perder la tarjeta. Se anima a los clientes a reflexionar sobre sus propias necesidades financieras y hábitos de gasto para crecer en responsabilidad propia.

Para todos estos escenarios diferentes, las personas ayudan a la empresa a aprender sobre sus clientes y a generar ideas para ellos.

**Hipótesis**: Al brindarles a los clientes la oportunidad de interactuar con el proceso comercial, al presentarles personas con las que se identifican y al crear oportunidades de aprendizaje, el cliente estará más comprometido, será más leal y repetirá la compra.

**Experimento**: Reflexiona sobre tus (potenciales) clientes. Visítalos y habla con ellos u obsérvalos para entender sus dificultades. Determina formas para involucrar a los clientes en tu proceso, de forma que se les permita aprender. O genera el perfil de persona de algunos clientes y crea escenarios que les ayuden a resolver sus dificultades. Usa el proceso de "lean start-up" para identificar algunos productos mínimos viables que poder presentar a estos clientes (ver Ries). Construye pruebas A/B para ver si tú y tus clientes estáis realmente aprendiendo. ¿Ese aprendizaje genera un vínculo más fuerte con tus clientes en torno a tus productos o servicios?

# 10.3 Producción

En la Parte II aprendimos:

- Elimina el tiempo perdido suprimiendo (o al menos reduciendo) las actividades y procesos que no están focalizados en el cliente, tal y como se descubre con un análisis de flujo de valor. Es decir, no hagas esperar al cliente. (Foco constante en el cliente)

## Prueba: ¿Puedes tener un proceso que sea "de flujo"?

**Antecedentes**: ¿Son los tiempos de espera un reto importante para tus clientes? La competencia genera presión para reducir los tiempos de espera. Los clientes no quieren esperar. Hay áreas profesionales enteras (conocidas como producción *lean* o desarrollo de software *lean*) centradas en la gestión del inventario y la investigación de operaciones para optimizar la canalización del producto o servicio al cliente (ver Liker y Poppendieck & Poppendieck). En tu vida personal, probablemente encuentres esperas frustrantes en las filas. Por el contrario, también te encuentras situaciones en las que las cosas van bien, como una experimentada bailarina cuyos movimientos parecen sin esfuerzo. Lo que marca la diferencia puede que no sea obvio. Hacer que tus procesos entren en un estado de fluidez requiere la disciplina de un bailarín (como bailarines de BOSSA nova?) ;).

El flujo no es solo el eliminar los tiempos de espera. A veces necesitas un tiempo de retraso para obtener ese flujo. A veces la gente intenta reducir el tiempo de espera tanto que las cosas no funcionan. Por ejemplo, el sistema de trenes alemán intenta reducir tanto el tiempo de conexión entre trenes, que es demasiado justo para que algunas personas hagan la conexión, bien porque el tren de llegada va con unos minutos de retraso o bien porque quizás no puedes caminar tan rápido entre andenes como los demás. Por lo tanto, a veces los tiempos de espera son buenos para un flujo adecuado.

**Hipótesis**: Puedes tratar la producción de productos o servicios como un problema complicado - trata de entender el problema, analizar, reflexionar sobre cómo otros o tú mismo resolvisteis ese problema en el pasado, responde usando la resolución (adaptada) de aprendizaje pasada y buenas prácticas. La investigación de operaciones, por ejemplo, adopta este enfoque. Sin embargo, la experiencia indica que lograr una condición de flujo es un arte. Si asignamos un equipo multifuncional para que se concentre en eliminar el desperdicio y optimizar el tiempo del proceso como una forma de optimizar la experiencia del cliente, tenemos una mayor probabilidad de conseguir que nuestros sistemas fluyan.

**Experimento**: Identifica una interacción con el cliente, cuya optimización sea crítica y forma un equipo multi-funcional que ponga el foco en ella. El equipo debe incluir, si es posible, clientes, o un representante y/o personas que representen a sus clientes. Haz un análisis de la cadena de valor y busca los tiempos de espera especialmente largos. Encuentra una manera adecuada de equilibrar la optimización del desperdicio y los tiempos de espera que terminen "sentando bien" para crear una experiencia de cliente mejorada, ni rígida, ni tensa, ni que sea un estorbo. Usa medidas de satisfacción del cliente del antes y del después, para valorar el éxito de la mejora de procesos. Nota: No olvide que las mejoras en una parte del flujo pueden no dar como resultado un cambio en el flujo general. Capacita al equipo multi-funcional para realizar un análisis de la cadena de valor que examine todo el flujo.

## 10.4 *Feedback*

Sin proceso, no hay *feedback*. Sin *feedback*, no hay aprendizaje. Sin aprendizaje, el liderazgo es torpe. Cada proceso debe incorporar la posibilidad de obtener y proporcionar *feedback* para el crecimiento personal y organizacional.

### Crecimiento individual y del equipo

Para resumir la Parte II:

- Durante la evaluación de desempeño, relaciona las medidas de foco en el cliente y organiza el aprendizaje y el desarrollo de las personas de forma que apoye el crecimiento organizacional. (Aprendizaje continuo)

## Prueba: ¿Las evaluaciones de desempeño están reflejando realmente el foco en el cliente?

**Antecedentes:** Las evaluaciones de desempeño pueden llegar a ser un juego sin sentido, soportados por los empleados y los supervisores. Pueden incluir listas de verificación corporativas estandarizadas que tienen poco que ver con las necesidades reales de los clientes. El equipo puede trabajar duro para desarrollar unas habilidades y desempeño sobresalientes solo para que le digan que la medida tiene que ajustarse a una curva de campana. Entonces, ¿por qué esforzarse en desarrollarse? O podría haber una medida de "contaremos la cantidad de pruebas que escribes como programador, y cuantas más mejor". Por supuesto, un programador inteligente escribirá muchas pruebas sin sentido. !Los autores conocen de un hospital que mide la productividad de sus médicos por el número de cirugías realizadas! Una medida de foco en el cliente mediría el "numero de pacientes que se han curado".

**Hipótesis:** Si el foco en el cliente es la base de la evaluación de desempeño, la satisfacción del cliente mejora.

**Experimento:** Elija una pequeña cantidad de unidades de trabajo, cuatro, por ejemplo. Como medida previa, identifica la satisfacción del cliente para cada unidad utilizando tu método actual para determinar la satisfacción del cliente (encuestas, entrevistas, repetición del negocio, calificaciones positivas, etc). Realiza una prueba A/B: designa dos unidades de control y las otras dos que sean experimentales. Pide a las unidades experimentales que escriban e implementen sus propios criterios de evaluación del desempeño de forma que, los criterios estén relacionados con su trabajo y reflejen los intereses del cliente. Haz que los grupos de control revisen sus factores actuales de evaluación del desempeño. Después de un periodo de tiempo definido, por ejemplo, un par de meses o alguno más, dependiendo del tipo de trabajo, mide otra vez la satisfacción del cliente usando los métodos de medición previa. ¿Mejoró la satisfacción del cliente en las unidades experimentales comparadas con las unidades de control? Si es así, habría varios posibles próximos pasos. Por ejemplo, haz que las unidades de control establezcan sus propios criterios de evaluación de desempeño y confirmen que la satisfacción del cliente mejora. Además, sigue monitorizando la satisfacción del cliente para las unidades experimentales para ver si continúa la mejora. También podrías validar el experimento repitiéndolo con otro conjunto de unidades y después considerar el cambiar los métodos de evaluación del desempeño para toda la empresa.

## Estrategias de aprendizaje

En la Parte II aprendimos:

- El aprendizaje continuo sigue un ritmo regular que crea un espacio para el *feedback*. (Aprendizaje continuo)
- Reflexiona y aprende tanto de los resultados como de las interacciones. (Aprendizaje continuo)

### Prueba: ¿Aumentaría la satisfacción del cliente con la creación de un ritmo regular de aprendizaje y reflexión del equipo?

**Antecedentes:** En los departamentos de software que usan *Agile*, es una práctica común el tener retrospectivas regularmente. En estas retrospectivas el equipo habla sobre lo que han aprendido en las pasadas dos o tres semanas a partir de los resultados del software que entregaron. También aprenden de las interacciones entre ellos, con otras partes de la empresa y con los clientes. Basándonos en las propias observaciones del autor, esta práctica no ha sido adoptada en gran medida por los departamentos que realizan otro tipo de trabajo. En otras ocasiones, la naturaleza del trabajo puede centrarse en el "trabajo de casos" (por ejemplo, tiendas minoristas, consultas médicas o servicios de asistencia) en lugar de centrarse en proyectos, de modo que no haya un ritmo con un comienzo y un final claros. Por esta razón, puede parecer forzado o artificial introducir un periodo de tiempo regular para esta reflexión y aprendizaje. Es fácil pensar sobre ellas que "estamos perdiendo el tiempo" o "algo que esos consultores intelectuales nos obligan a hacer y lo detendremos tan pronto como se vayan".

**Hipótesis**: Si inyectamos un patrón regular de reflexión y aprendizaje en las rutinas de trabajo de cada unidad, su desempeño mejorará.

**Experimento**: Investiga para encontrar una variedad de unidades de trabajo en tu organización que no programen espacios de tiempo recurrentes para reflexionar y aprender. Como en el experimento anterior, realiza un prueba A/B, por ejemplo, tres unidades A y tres unidades B. Determina cómo medir la satisfacción del cliente para las unidades (encontrarás ejemplos en el experimento anterior). Para el grupo A, consigue un acuerdo para incluir espacios de tiempo regulares de reflexión y aprendizaje en sus agendas. Mide la satisfacción del cliente a intervalos regulares durante al menos seis meses.

## 10.5 Innovación

En la Parte II vimos:

- El proceso de aprendizaje continuo permanece abierto a caminos dramáticamente nuevos que puedan surgir espontáneamente al interrumpir las rutinas diarias (por ejemplo, momentos de silencio de una reunión, retrospectivas, especialmente cuando estás bajo estrés, celebrar un *Open Space* de nuevas ideas). (Aprendizaje continuo)

## Prueba: ¿Podemos organizar el aprendizaje transformador?

**Antecedentes**: El aprendizaje continuo acumula constantemente nuevo conocimiento y habilidades a lo largo del tiempo. Sin embargo, a veces hay un aprendizaje discontinuo, tal y como puedes haber experimentado cuando obtienes una percepción repentina que cambia tu marco de trabajo básico y suposiciones. Como la historia de Newton que inventó la teoría de la gravedad después de que una manzana cayera sobre su cabeza, de repente obtienes la solución a un problema o, quizás, compasión por alguien que antes veías como enemigo. Este aprendizaje discontinuo es conocido a menudo como un aprendizaje transformador. Tal y como discutimos en el capítulo Aprendizaje continuo, el aprendizaje transformador suele suceder especialmente en tiempos de caos o cambios rápidos.

Sin embargo, una limitación de esta vista es que te cataloga como un aprendiz pasivo. Tienes que esperar a que ocurra una crisis antes de poder tener una experiencia de aprendizaje transformadora. ¿Qué pasaría si pudiéramos buscar el aprendizaje transformador como aprendices activos? En la introducción de la Parte III de este libro, te animábamos a usar la reflexión. Te hemos dado un empujón al final de cada capítulo de la Parte III. En esencia, te animábamos a experimentar con la reflexión como método de aprendizaje.

La reflexión frecuente es uno de los métodos para ser un aprendiz transformador activo. Te sugerimos que también conozcas otros métodos (ver Kline). Hay mucho material en internet. Por ejemplo, encontramos a Bregman 2009 y 2012.

**Hipótesis**: Podemos crear un proceso disciplinado para el aprendizaje transformador colectivo.

**Experimento**: Identifica un par de unidades en tu empresa. Utilizando los principios de *Open Space*, pídeles que dediquen un día por separado en una conferencia con formato *Open Space* para centrarse durante la mañana en la pregunta: "¿Cuáles son las suposiciones básicas que subyacen a la forma en la que estamos trabajando? Durante la tarde deben centrarse en la pregunta: "¿Qué pasaría si esas suposiciones no fueran ciertas?" Pide a las unidades que reflexionen al final del día y después de tres semanas, sobre el valor de la experiencia. Compara los resultados de los dos grupos. ¿Ambos sintieron que la experiencia fue beneficiosa? ¿Encontraron beneficios similares? ¿Diferentes beneficios? Finalmente, evalúa si el método produjo resultados que fueron suficientemente similares y confiables como para sentirte seguro de probar el enfoque con otras unidades de negocios.

## 10.6 Reflexión

Para desarrollar la habilidad de indagación reflexiva (ver Stacey), sugerimos seguir el formato de "Acción Adaptativa" de *Human Systems Dynamics* del Capítulo 6, Aprendizaje continuo (ver también Eoyang & Holladay):

Por favor, tómate tu tiempo para recapitular las diferentes pruebas que se han presentado en este capítulo.

............... (Estos puntos quieren decir que estamos esperando a que lo hagas) ;-)

¿Cuáles son tus impresiones sobre estas pruebas? Escríbelas.

............... (Estamos esperando)

¿Cuáles son tus impresiones sobre estas pruebas? Escríbelas.

............... (Estamos esperando)

¿Cuál consideras que es tu próximo paso según tu contexto? ¿Cuál es el que trata más de tu situación actual? ¿Cuáles son tus planes para intentarlo?

............... (Estamos esperando)

# 11. Baila continuamente

"BOSSA nova" tiene muchos significados, una nueva tendencia, una síntesis, y como un baile, siempre se adapta a la situación en ese momento de forma no prescriptiva. En cualquier caso, es como un baile que debe continuar.

En este resumen, primero volvemos al Capítulo 1 y repasamos los retos a los que se enfrentan las empresas. Después, sugerimos cómo puedes usar las pruebas por ti mismo y te animamos a ir más allá de lo presentado en este libro. Las pruebas de esta parte son un punto de partida y una fuente de inspiración para que desarrolles tus propias pruebas. Concluimos con un vistazo al modelo de fluidez *Agile* (*Agile Fluency Model*) y sugerimos una forma de complementarlo.

## 11.1 Revisando los retos del Capítulo 1

En el Capítulo 1 identificamos los siguientes retos a los que se enfrentan las empresas: tamaño, personas, revoluciones digitales, VUCA y conflicto de valores. También hablamos de las dificultades a las que se enfrentan los innovadores cuando intentan expandir *Agile* a toda la empresa. En el Capítulo 2 generalizamos el *Agile Manifesto* en cuatro valores y después en la Parte II ampliamos esos valores sintetizando cuatro corrientes de desarrollo: "Más allá del presupuesto", *Open Space*, Sociocracia y *Agile*. Esa síntesis fue la base de las pruebas que desarrollamos en la Parte III. Ahora resumiremos cómo estas pruebas ayudan a abordar los retos a los que se enfrentan las empresas.

## Tamaño

En el Capítulo 1 mencionamos el "reto del elefante"; ¿Cómo una empresa grande puede ser *Agile*? Los elefantes en realidad son bastante ágiles. Incluso leemos una historia sobre la amistad entre un perro y un elefante. El perro a veces se tumbaba de espaldas y el elefante usaba su enorme pata con ternura para rascar la tripa del perro (ver Holland). Como vimos en el Capítulo 1, las grandes empresas suelen tener dificultados para ser *Agile*. Lo pequeño es más fácil. Las grandes empresas pueden utilizar *Lean Startup*, comprar una empresa o tener *think tanks* internos; todas estas iniciativas hacen que partes de la empresa sean *Agile*, pero no en su totalidad.

Las pruebas que abordan el reto del tamaño están cubiertas principalmente por la estrategia y la estructura. Por ejemplo:

- Prueba: ¿Podemos mejorar la colaboración cambiando el sistema de incentivos?
- Prueba: ¿Puede el consejo de administración tener al CEO y a un representante electo sin interferir en el trabajo del consejo?
- Prueba: ¿Es barata la confianza?

## Personas

Tal y como se vio en el Capítulo 1, es difícil encontrar gente que pueda lidiar con los retos actuales. Por otro lado, los *Millennials* y las generaciones más jóvenes están desanimados por los procesos de control típicamente usados por las organizaciones jerárquicas tradicionales. Estos habitantes de las redes quieren poder seguir su pasión y esperan un acceso igualitario a la información y una voz equivalente en la toma de decisiones. En el Capítulo 7 exploramos una nueva forma de pensar sobre el control de la empresa y sugerimos un nuevo tipo de organigrama.

En la Parte III, sugerimos una variedad de pruebas para abordar los retos del personal, tales como:

- Prueba: ¿Tendrá lugar el crecimiento individual alineado sin la motivación del bonus?
- Prueba: ¿Cómo podemos tener autonomía como equipo mientras se apoya el propósito de la organización?
- Prueba: ¿Qué sucedería si enfatizamos la transparencia a lo largo de toda la empresa?

## Mundo VUCA y la revolución digital

Las empresas se están enfrentando constantemente a disrupciones complejas y condiciones de mercado rápidamente cambiantes. Sugerimos que la experimentación que aparece de la reflexión regular es una forma de hacer frente a estas condiciones. Por ejemplo:

- Prueba: ¿Podemos ser más científicos?
- Prueba: ¿Puede la reflexión del grupo mejorar la resolución de problemas?
- Prueba: ¿Podemos organizar el aprendizaje transformador?

## Conflicto de valores

¿Debe una empresa centrarse en el valor de las acciones o en el valor entregado al cliente? Los consejos de administración de las corporaciones están legalmente obligados a maximizar el valor para los accionistas, lo que generalmente significa el valor *actual* de las acciones. Esta valoración obliga a centrarse en el corto plazo. Los CEOs son medidos por ello. Este foco en el corto plazo, a menudo puede entrar en conflicto con un foco en el valor al cliente a más largo plazo; y este conflicto de valores es uno de los factores más importantes que impiden a las empresas hacer frente a nuestro mundo que cambia rápidamente.

Sugerimos varias pruebas para superar este conflicto, incluyendo:

- Prueba: ¿Sería más valioso establecer relaciones conscientes entre los equipos de producción y de servicios de soporte?
- Prueba: ¿Debemos cambiar nuestra estructura legal?
- Prueba: ¿Hay una alternativa al enfoque de beneficios a corto plazo?

## Ampliando *Agile*

En el Capitulo 1, en la sección llamada "Retos al extender *Agile*", notamos que hay muchas iniciativas encomiables para expandir *Agile* fuera de departamentos de software y de IT. Pero no ha habido una perspectiva holística sobre la agilidad en toda la empresa que aborde lo que significa *Agile* para para la estructura, la estrategia o los procesos generales de las empresas. Esta perspectiva abordaría la estructura de la organización y cómo están conectados los departamentos, los efectos sobre el liderazgo y el significado para los accionistas. Además, la perspectiva general, abordaría la política presupuestaria, legal, de personal y los sistemas de recompensa. Finalmente, la perspectiva explicaría qué valores básicos de *Agile* como la autoorganización, la transparencia, el enfoque constante en el cliente, el aprendizaje continuo e incluso el *feedback* significan para una empresa para que pueda ser completamente *Agile*.

Creemos que los valores sintetizados y el nuevo organigrama que ofrecimos en la Parte II, junto con las pruebas que hemos discutido en la Parte III, proporcionan un marco de trabajo *Agile* práctico y holístico.

## Más trabajo por hacer

Las pruebas listadas en la Parte III delimitan cierto territorio. Hemos abordado los retos del Capítulo 1, pero lo que hemos dicho no está completo de ninguna manera. Como trataremos a continuación, esperamos que se proporcionen puntos de referencia que puedas modificar para utilizarlos en tu situación. También esperamos que explores más allá de ellos.

# 11.2 Cómo usar las pruebas

Puedes empezar a usar al menos, algunas de las pruebas independientemente de tu rol en la empresa. Los efectos de lo que hagas se extenderán a toda tu organización. Dependiendo de tu rol, es posible que algunas de las pruebas no apliquen a tu situación, por lo que te animamos a reflexionar sobre lo que te llame la atención y que lo que surja de esa reflexión sea lo que guíe las pruebas que intentes.

Una sugerencia es comenzar con una de las pruebas que hemos listado en la Parte III y adaptarla a tu propia situación. Lleva a cabo la prueba, analiza resultados, cambia algún parámetro y vuelve a realizar la prueba otra vez. Mientras tanto, muestra tus hallazgos a tus compañeros. Este proceso de experimentación *Lean* te permitirá dirigir tus aprendizajes. Una vez que hayas adquirido algo de experiencia, intenta combinar varias pruebas. Aquí tienes un ejemplo.

## Ejemplo: Adapta el proceso de contratación (tu propia caja)

La mayor parte de las empresas tienen un proceso estandarizado para la contratación de las personas. Implementar BOSSA nova significa el tener una vista más holística de este proceso. Sugerimos un enfoque de ejemplo utilizando diferentes pruebas para crear esa vista holística.

Comienza observando la *estructura* del proceso de contratación con un grupo multifuncional *autoorganizado* de diferentes partes y diferentes niveles jerárquicos de la empresa.

Este enfoque abarcará diferentes perspectivas usando las pruebas: ¿Es realmente útil la multifuncionalidad? y ¿Sería más valioso establecer relaciones conscientes entre los equipos de producción y de servicios de soporte?

Después, experimenta con la *estrategia* de hacer que el proceso de contratación sea *transparente* probando ¿Qué sucedería si enfatizamos la transparencia a lo largo de toda la empresa?. El objetivo de la estrategia es permitir que todos los afectados por un proceso de contratación entiendan cómo y por qué son tomadas ciertas decisiones.

Con el grupo multifuncional establecido, *enfócate en el cliente*, aclarando quienes son sus clientes y pidiendo opinión sobre el proceso de contratación. ¿Los clientes están solo representados por el grupo que recibe la nueva contratación o hay otros clientes como los CxO?

Reflexiona acerca de cómo el proceso de contratación puede reconocer a estos clientes. Prueba: ¿Puede mejorar la relación con el cliente las reuniones reflexivas?

Después, intenta mirar desde una perspectiva de *proceso* centrándote en el *aprendizaje continuo*. Mantén una retrospectiva con las nuevas contrataciones (y los grupos que solicitaron esas nuevas contrataciones) para aprender de su experiencia. Utiliza el *feedback* para adaptar los procesos de contratación. Prueba: ¿Puede la reflexión del grupo mejorar la resolución de problemas?

Y finalmente, realiza una retrospectiva interna del departamento de RRHH centrándote en los cambios realizados en las políticas de contratación. Prueba: ¿Aumentaría la satisfacción del cliente con la creación de un ritmo regular de aprendizaje y reflexión del equipo?

Por lo tanto, al combinar varias pruebas, podemos experimentar con las diferentes perspectivas de estrategia, estructura y proceso. El resultado es una perspectiva más amplia, que sintetiza varios puntos de vista, un reto común que comentamos en la Introducción a este libro.

## 11.3 Ahora sigue por ti mismo

En la introducción de la Parte III, te sugeríamos que miraras las pruebas que mostrábamos, las compararas con tu situación y realizaras experimentos tal y como se muestra en la siguiente figura de la introducción de la Part III.

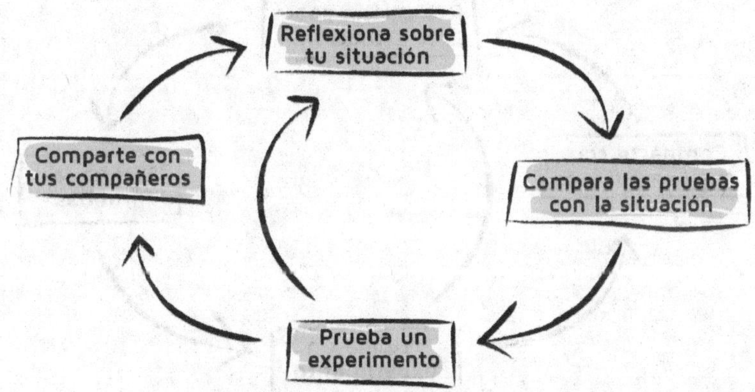


Buceando con más profundidad en BOSSA nova

Concluimos la Parte III, sugiriéndote que también puedes ir más allá de las pruebas ofrecidas y desarrollar tus propias pruebas. Ahora, la inmersión profunda en BOSSA nova se convierte en la exploración de un nuevo territorio.

Sugerimos el siguiente enfoque para diseñar tus propias pruebas (y se muestra en la siguiente figura):

1. Reflexiona sobre la situación de tu empresa hasta que surja la idea de una prueba. Decide si la prueba debe centrarse en la estrategia, estructura o los procesos de tu empresa.

2. Diseña la prueba: propón los antecedentes, hipótesis y un experimento que incluya algunas mediciones.

3. Realiza el experimento. Analiza los resultados y vuelva al primer paso.

4. Muestra a tus compañeros el proceso, junto con ideas para nuevos experimentos. Basándote en el *feedback* de tus compañeros, vuelve al primer paso y diseña nuevas pruebas colaborativas e implementa nuevos experimentos, por ejemplo, ampliando la nueva política a más partes de la empresa.

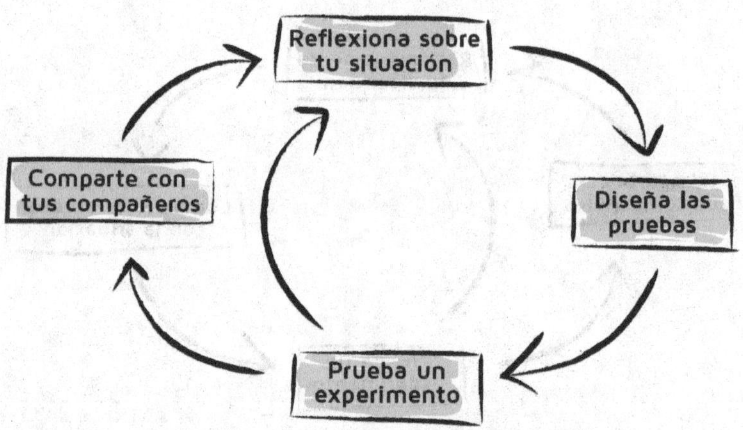


Explora un nuevo territorio con BOSSA nova

## 11.4 Fortaleciendo la fluidez

Para implementar BOSSA nova de una manera que resista incluso en situaciones de estrés y lograr la agilidad en toda la empresa, toda la empresa necesita fortalecerse continuamente.

Ya existe un modelo llamado *Agile Fluency Model* que surgió a partir del software, pero es de aplicación general. Describe como llegar a obtener más fluidez con *Agile* como equipo y, por lo tanto, también como organización.

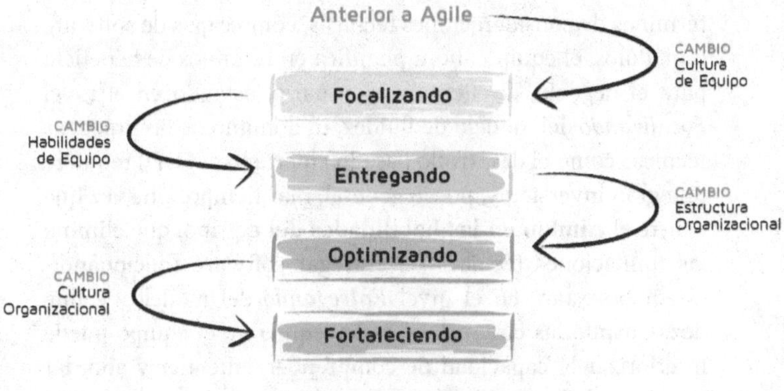



*Agile Fluency Model*

Al escribir la Parte III, descubrimos que ahora podríamos sugerir un suplemento a este modelo. Los fundadores de *Agile Fluency Project* resumen el modelo en el siguiente cuadro.

## Perspectiva de Diana Larsen y James Shore, Proyecto *Agile Fluency*

Nosotros co-fundamos el proyecto *Agile Fluency* con el objetivo de que cada equipo trabaje al nivel de fluidez que mejor se adapte a las necesidades de su negocio. *Agile Fluency Model* describe el camino de un equipo *Agile*. Puede usar el modelo para trazar el rumbo de un equipo, crear alineamiento con la dirección y asegurar apoyo organizacional para la mejora. La fluidez es el dominio de la práctica de la rutina que persiste en condiciones de estrés. Cualquiera puede seguir un conjunto de prácticas en una clase. El verdadero nivel de fluidez de un equipo se pone de manifiesto en situaciones de presión y al enfrentarse a la distracción.

Un equipo exitoso empieza con una colección de individuos con habilidades técnicas complementarias.

A medida que el equipo adopta prácticas ágiles, se produce un **cambio en la cultura del equipo**: en lugar de planificar en términos de consideraciones técnicas, como capas de software o módulos, el equipo ahora planifica en términos de beneficio para el negocio, el cliente o el usuario, estando en el nivel *Focalizando* del modelo de fluidez. El dominio de las prácticas técnicas como el desarrollo basado en pruebas (TDD) requiere una gran inversión y, por lo general, más tiempo. Una vez que ocurre el **cambio en las habilidades del equipo**, que elimina las limitaciones técnicas de entregar software funcionando, el equipo estará en el nivel *Entregando* del modelo de fluidez. Cuando las circunstancias lo requieran, el equipo puede interiorizar la capacidad de comprender, entender y abordar las necesidades de negocio. Cuando se produce el **cambio de la estructura organizacional** se mueven las capacidades comerciales clave dentro del equipo y el equipo puede situarse en el nivel *Optimizando* del modelo de fluidez.

El desarrollo *Agile* es fundamentalmente un esfuerzo de equipo y el éxito de la organización depende, en última instancia, de sus equipos. *Agile Fluency Model* es un modelo de la fluidez del equipo. Dicha fluidez depende de más factores que las capacidades de los individuos del equipo. También depende de la estructura de gestión, las relaciones y la cultura organizacional, así como de las herramientas, tecnologías y prácticas que usan los equipos.

¡La misma receta *Agile* no encaja siempre! Una vez que uses el *Agile Fluency Model* para entender dónde tiene que estar tu organización, estás listo para disfrutar del *Agile* que mejor se adapte a tu situación.

Date cuenta que en este artículo, Diana Larsen y James Shore, proporcionan una descripción detallada de tres de los niveles de fluidez, dejando abierto el nivel *Fortaleciendo*.

Para finalizar este capítulo, sugerimos una forma de completar el nivel *Fortaleciendo*. Sugerimos añadir lo siguiente a su descripción:

"El dominio de la perspectiva de un sistema completo requiere un **cambio en la cultura organizacional**, con el equipo obteniendo una mayor comprensión de, por ejemplo, cadenas de valor entre organizaciones, mostrando el nivel de *Fortaleciendo*".

Para ayudarte a juzgar si tu empresa domina el nivel *Fortaleciendo*, ofrecemos siete indicadores de autoevaluación. Para usar esta herramienta de autoevaluación, pide a cada miembro del equipo que reflexione sobre cada afirmación y evalúe si es cierta: Nunca, raras veces, a veces, a menudo o siempre. Muestra los resultados y discute con el equipo dónde existe el alineamiento de todos y dónde tienen las mayores diferencias. Desarrolla pruebas para explorar esas diferencias.

## Indicadores de fluidez en el nivel *Fortaleciendo*

1. Toda la empresa está formada por equipos. El lenguaje de la empresa es inclusivo y no se hace diferencia entre "nosotros" y "ellos" (incluidos accionistas y clientes). Es decir, cada equipo entiende que su responsabilidad no termina con los límites del equipo.
2. Cada equipo se considera a si mismo como un sistema completo que tiene un lugar y una responsabilidad en los sistemas sociales.
3. Todo equipo está atento a la posibilidad de nuevos mercados e invierte o apoya su desarrollo.
4. Toda la empresa se desarrolla a través de experimentos enfocados tanto interna como externamente.
5. Cada equipo entiende la cadena de valor de toda la organización y contribuye a su optimización general.
6. El valor para los accionistas, las actividades impulsadas por la pasión y el cumplimiento legal se alinean para crear valor para el cliente.

7. Toda la empresa utiliza el silencio intencionado o el tiempo de reflexión para dar sentido.

Para una evaluación completa del uso que tu empresa hace de BOSSA nova, puedes usar la encuesta *Comparative Agility*[1].

[1] https://www.comparativeagility.com/

# IV Tiempo de festejar

"Ningún hombre es una isla entera por sí mismo. Cada hombre es una pieza del continente, una parte del todo".
– John Donne

Hasta ahora solo hemos tenido la perspectiva de una empresa, pero *ninguna organización es una isla*. Hemos mencionado las relaciones con las partes interesadas y los clientes, pero no hemos analizado la compleja red social en la que está integrada la empresa.

Una empresa BOSSA nova tiene la responsabilidad de balancear los intereses del beneficio económico, intereses de clientes, trabajo inspirador y cumplimiento normativo. Si la empresa no está a la altura de esa responsabilidad, la sociedad la verá como poco fiable. Los clientes, el personal y los reguladores verán que la empresa no es digna de confianza. En el largo plazo, esa desconfianza socavará el negocio.

Por ejemplo, hace algunos años, una gran empresa europea de seguros anunció que haría una gran transformación *Agile*. El año pasado, tuvo un año con beneficios, era un baño de dinero, quizás relacionado con su decisión de usar *Agile*. Sin embargo, la empresa anunció que venderá sus instalaciones deportivas, finalizará el actual subsidio a los empleados y las alquilará a una empresa que gestiona gimnasios de lujo. La empresa obtendrá más beneficios de la propiedad, pero ahora muchos de los empleados no podrán tener acceso al deporte. La sociedad entendió esta noticia como "si la empresa es realmente *Agile*, ¿por qué están tratando a sus empleados así?" y "esa empresa es realmente codiciosa; ten cuidado si quieren hacer negocios contigo" y "me pregunto qué otros daños están causando".

Tu empresa es parte de la sociedad. No puedes evitar la fiesta. ¿Cómo puedes convertirte en un huésped bienvenido?

## Los cuatro valores

Para una empresa BOSSA nova, los cuatro valores definidos tienen tanto un aspecto interno como externo. El libro se concentra principalmente en los efectos internos, porque es aquí donde es implementado. Aún así, los efectos externos de los valores son importantes:

- Auto-organización: Considera la empresa como un nodo de una red global que crea el entorno en el que vive junto con otras empresas e instituciones sociales.
- Transparencia: Haz que las acciones de la empresa sean transparentes tanto internamente como externamente. Hoy en día, existen cada vez más regulaciones que obligan a las empresas a hacer exactamente eso (porque parece que no entendieron la importancia de la transparencia y deben ser impulsadas por las regulaciones). Un ejemplo es la regulación europea que obliga al mercado de inversiones a hacer que todos los elementos de una transacción sean trasparentes y rastreables.
- Foco constante en el cliente: Entender el entorno económico, ecológico, societario y social como un cliente que necesita atención permanente.
- Aprendizaje continuo: Aprender continuamente de y con la sociedad para hacer del mundo un lugar mejor.

## Perspectiva conectada

La síntesis de las perspectivas mostradas en la siguiente ilustración
del Capítulo 7 muestra solo una conexión externa: el cliente.

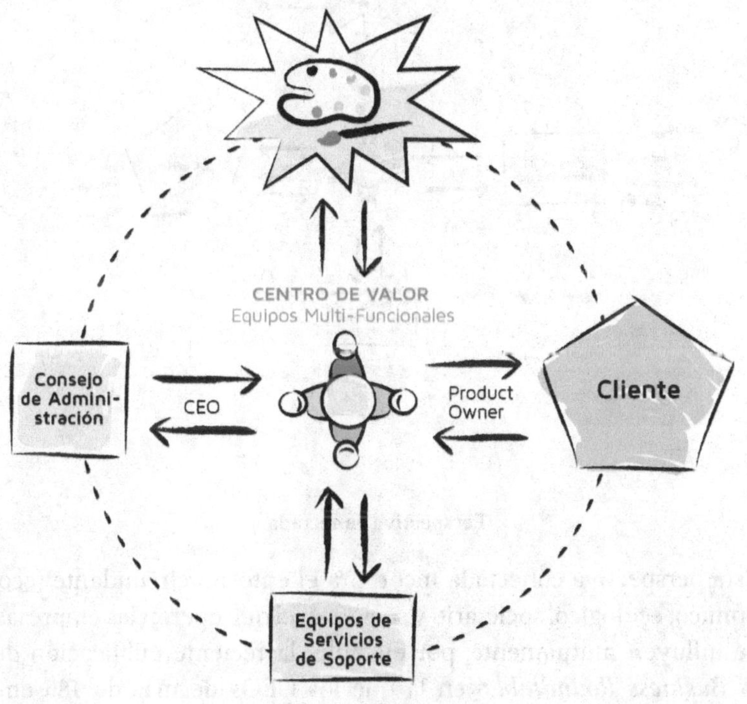


Síntesis de perspectivas

Sin embargo, los otros elementos tienen que implementar una conexión externa también, por ejemplo, el Consejo de Administración
con los accionistas. El siguiente diagrama muestra estas conexiones
externas. Muestra más allá que la "empresa como una isla".

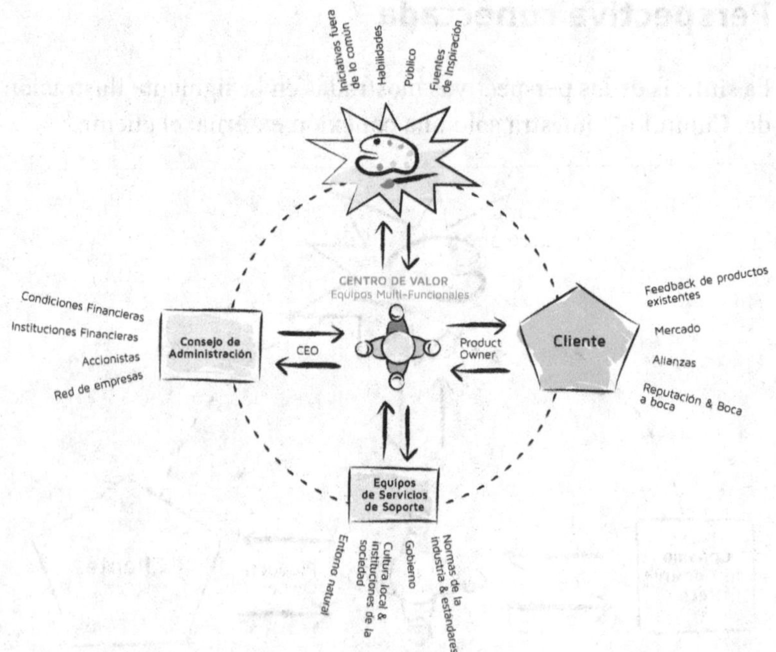



**Perspectiva conectada**

Esta perspectiva conectada incorpora el entorno circundante (económico, ecológico, societario y social) en el que operan las empresas. Se influyen mutuamente, por ejemplo, la reciente publicación de la *Business Roundtable*[2] en la que los CEOs de más de 180 empresas estadounidenses declararon que maximizar el valor para el accionista no es el único propósito de la corporación. Más bien, sirven a todas las partes interesadas, incluidos, clientes, empleados y comunidades. Así como puede haber una relación desbalanceada con el cliente, los cuatro valores exigen que estas otras conexiones también estén equilibradas.

Los *clientes* emergen del mercado. Ya hemos hablado sobre el *feedback* directo que recibe el centro de valor de los clientes, pero los clientes también dan *feedback* al mercado, por ejemplo, propor-

---

[2]https://opportunity.businessroundtable.org/ourcommitment/

cionan revisiones en Yelp[3], así como comentarios por el boca a boca. Del *feedback* externo sobre proyectos existentes surge la reputación de la empresa. Una buena reputación prepara al mercado para adoptar nuevos productos y ayuda a crear un nuevo mercado. Atrae a los clientes en un ciclo de auto-refuerzo. Volviendo al Capítulo 1, crea una disposición a formar asociaciones para la innovación que pueden conducir a disrupciones creativas en el mercado.

Los *Equipos de Servicios de Soporte* interactúan con la sociedad que hace posible que la empresa exista: la fuente de trabajadores, las limitaciones y protecciones legales, las posibles fuentes de apoyo como subvenciones e incentivos económicos, la administración de fuentes naturales que utiliza la empresa, etc. Estos recursos a veces pueden parecer estables: las regulaciones gubernamentales son tan difíciles de cambiar como lo es mover una montaña, la cultura local ha existido durante cientos de años, etc. Sin embargo, incluso estas "montañas", en realidad, son parte del mundo volátil, incierto, complejo y ambiguo (VUCA). Los procesos gubernamentales y la sociedad local a menudo están controlados silenciosamente por una red de confianza (ver Capítulo 7) y son bastante capaces de cambiar y adaptarse rápidamente, si realmente lo desean. Como empresa, es necesario trabajar con todas las influencias ambientales y no contra ellas, lo que significa respetar las limitaciones y aprovecharlas cooperativamente.

Un consejo de administración tradicional es un agente solo para los accionistas y los prestamistas. Los miembros del consejo de administración, a menudo, forman parte de sus propias redes de confianza, e incluso existen leyes contra los cargos de dirección que intentan controlar la influencia de dichas redes. Para una empresa que implementa BOSSA nova, el Consejo de Administración incluye *stakeholders* distintos a los accionistas y se asegura de que no esté constituido únicamente por la llamada "red de amiguismo". Más allá del Consejo de Administración, las instituciones financieras que compran acciones o prestan dinero, están sujetas a condiciones

---

[3]https://www.yelp.com/

económicas generales, a menudo volátiles. Los accionistas pueden estar acostumbrados a una "cultura de la propiedad", accionistas como controladores, en lugar de accionistas como participantes.

El *Arte y Alma* son la pasión y la inspiración que aportan creatividad, alegría y compromiso al trabajo. Vienen tanto del interior como del exterior. Por ejemplo, una empresa puede ir a internet para pedirle a su "comunidad colectiva" que diseñe un nuevo producto o que presente sugerencias para mejorar un producto existente, una especie de evento *Open Space* con clientes (desconocidos), personal y simpatizantes. O el personal de la empresa puede intercambiar nuevas ideas con otros que comparten sus habilidades en reuniones y grupos de usuarios. El funcionamiento de la inspiración puede surgir de formas impredecibles ("disparatadas"). Pensamos en el grupo de programadores que deciden adoptar un niño de acogida o en el desarrollo de Unix en el garaje de dos empleados de AT&T a los que les dijeron "no" en su oficina. Las fuentes de inspiración pueden incluir reflexión, intercambios entre campos y valores tales como la belleza, la igualdad y la ética.

Esta perspectiva conectada es otra área que puedes querer explorar mientras desarrollas tus prácticas de BOSSA nova.

## Conciencia social

Como parte de la sociedad, está en el interés de cualquier empresa "ser un miembro bienvenido" en la sociedad. Hay diferentes formas para asegurar esta conciencia. Como inspiración ofrecemos ejemplos de empresas que actúan desde la conciencia social para el beneficio mutuo.

- Munich Re[4], una de las principales reaseguradoras del mundo, comenzó a preocuparse por el cambio climático en los años 70. Comenzaron a recopilar y publicar datos de investigación

---

[4]https://en.wikipedia.org/wiki/Munich_Re

sobre el cambio climático desde el principio. La protección de los datos de investigación para obtener una ventaja competitiva está fuera de discusión para Munich Re porque únicamente la transparencia les permite aprender de los demás y mejorar los datos, lo que aumenta tanto la conciencia social general sobre el cambio climático como su propia resiliencia.

- La empresa de automóviles BMW intenta imponer un trabajo justo en las minas de mineral, una fuente importante de materias primas. Garantizar buenas condiciones de producción en el Congo es un buen modelo de negocio según Ferdinand Geckeler, Director de Sostenibilidad en BMW[5] porque la reputación de la empresa (o incluso de la industria) puede ser fácilmente dañada por los malos titulares.

- Buffer, una empresa de redes sociales entiende la transparencia como uno de sus valores éticos fundamentales. Por ejemplo, incluso su estructura salarial[6] está publicada. Como efecto colateral de esa transparencia, obtienen más solicitudes de empleo y motivan a las personas a usar Buffer (ver Zander).

- La empresa Telia Company tomó una decisión[7] para desinvertir en compañías subsidiarias en varios países euroasiáticos. Es miembro de Businesses for Social Responsibility (BSR)[8], una red con más de 250 empresas que aspiran a construir un mundo justo y sostenible. Telia buscó la ayuda de BSR para hacer la debida diligencia de los compradores potenciales para minimizar los riesgos de derechos humanos, incluida la creación de un "plan de desinversión responsable".

- Microsoft apoya las comunidades rurales[9] a lo largo de los Estados Unidos mediante la transmisión de datos de banda ancha sobre el ancho de banda no utilizado. Esto reduce los costes de la cobertura de banda ancha en un 80 por ciento

---

[5]http://www.sueddeutsche.de/wirtschaft/rohstoffe-sauber-bleiben-1.3809040

[6]https://open.buffer.com/transparent-salaries/

[7]https://www.bsr.org/en/our-insights/case-study-view/telia-company-human-rights-impact-assessments

[8]https://www.bsr.org/

[9]https://www.fsg.org/blog/how-microsoft-evolving-csr-efforts-help-rural-america

y asegura que las áreas rurales puedan ponerse al día con la nueva economía. Microsoft se ha comprometido a llevar la conectividad de banda ancha a 2 millones de personas en las zonas rurales de Estados Unidos para 2022, lo que mejorará la vida de las personas a través de una mejor educación, atención médica, agricultura y productividad empresarial. Este proyecto cuenta con el apoyo del *Foundation Strategy Group*[10].

Además de estos ejemplos de iniciativas de una sola empresa, una empresa BOSSA nova puede unirse a redes que tienen como objetivo mejorar el entorno económico, ecológico, societario y social, tal y como lo hizo Telia. A continuación se incluye una pequeña muestra de esas redes. ¿Qué redes pueden ser importantes para que su empresa se adhiera?

- Transparencia Internacional:[11]. La coalición global contra la corrupción da voz a las víctimas y testigos de la corrupción. Trabajan junto con gobiernos, empresas y ciudadanos para detener el abuso de poder, el soborno y los acuerdos secretos.
- *Global Compact*:[12]. Una llamada de las Naciones Unidas para que las empresas alineen sus estrategias y operaciones con los principios de derechos humanos, trabajo, medio ambiente y anticorrupción.
- *Fair Labor Association*:[13]. Una asociación que combina los esfuerzos de empresas, organizaciones de la sociedad civil y colegios y universidades para promover y proteger los derechos de los trabajadores y mejorar las condiciones laborales a nivel mundial.
- *Climate Group*:[14]. Una potente red de empresas y gobiernos

---

[10]https://www.fsg.org/
[11]http://www.transparency.org/
[12]http://www.unglobalcompact.org/
[13]http://www.fairlabor.org/
[14]http://www.theclimategroup.org/

para garantizar prosperidad manteniendo el calentamiento global por debajo de los 2° Celsius.

- *World Water Council*:[15]. Una plataforma internacional de múltiples partes interesadas para hacer del agua una prioridad global. Su consejo se centra en las dimensiones políticas de la seguridad, la adaptación y la sostenibilidad del agua.
- United Nations' GAIN:[16]. Una alianza global para mejorar la nutrición. Se centra en la salud de los empleados a través de políticas sensibles a la nutrición. Las compañías se benefician no solo de una mejor reputación por cuidar bien a sus empleados, sino también de una mayor productividad. La red incluye gobiernos, ONGs, organizaciones multilaterales, universidades y más de 600 empresas en al menos 30 países. La red ha logrado reducir la malnutrición en un 30% en varios países. (ver Hanleybrown y otros)
- *Institute for Multi Stakeholder Initiative Integrity*:[17]. Es una organización sin ánimo de lucro que promueve la colaboración entre empresas, la sociedad civil y otros *stakeholders* que buscan abordar cuestiones de interés mutuo, incluidos los derechos humanos y la sostenibilidad.
- *Neighborhood Community Networks*:[18]. Es una estructura de abajo hacia arriba para empoderar a los vecindarios a organizarse en entidades políticas y económicas amplias.

Ademas de ser una forma de conectar con los problemas sociales relacionados con la empresa y una forma de desarrollar estándares que afectan a la empresa, las redes también están emergiendo como una nueva forma de gobernanza social y quizás planetaria. Piden a las empresas que tengan un propósito social, remontándose en cierto sentido a su propósito original cuando las corporaciones se hicieron populares como forma legal a principios del 1800.

---

[15] http://www.worldwatercouncil.org/

[16] https://www.gainhealth.org/

[17] http://www.msi-integrity.org/introducing-the-msi-database-an-overview-of-the-global-landscape-of-standard-setting-multi-stakeholder-initiatives/

[18] http://neighborhoodparliament.org

## Perspectiva de Tracy Kunkler, Circle Forward

"La sociedad está demandando que las empresas, tanto públicas y privadas, tengan un propósito social", es lo que escribe Larry Fink, presidente y CEO de BlackRock, en su carta abierta de enero de 2018 a los CEOs[a]. "Para prosperar con el tiempo, todas las empresas deben, no solo obtener resultados financieros, sino también mostrar cómo hacen una contribución positiva a la sociedad".

Esta opinión fue confirmada en una reciente encuesta[b] de una muestra representativa de estadounidenses: el 78% de los encuestados deseaba que las empresas abordaran cuestiones importantes de justicia social; el 87% comprará un producto porque la empresa abogó por un problema que les importaba; y un 76% rechazará comprar los productos o servicios de una empresa al saber que apoyaron un asunto contrario a sus creencias.

Esta encuesta refleja más que simples preferencias. Nuestras comunidades se enfrentan a desafíos que amenazan la vida en lo que respecta a la salud, la pobreza, la seguridad alimentaria y la resiliencia climática, así como injusticias raciales, de género y socio-económicas de un largo arraigo. Para abordar estos problemas complejos, más personas están reconociendo la interdependencia básica que ha estado en el centro del campo de la ecología. Como describe David Korten, "la vida solo puede sobrevivir y prosperar en comunidad"[c]. Entonces, cuando Fink advierte que "las empresas deben beneficiar a todos sus *stakeholders*, incluyendo los accionistas, empleados, clientes y las comunidades en las que operan", él está reconociendo que cada vez más gente se está dando cuenta de los efectos secundarios mortales de un enfoque único sobre el beneficio económico.

Y, aunque los mercados impulsarán algún tipo de cambio, el panorama es realmente más complejo. "Ninguna entidad (o sector) por si sola, sin importar cómo de grande o poderosa sea, puede resolver los complejos problemas de nuestros sistemas actuales. Más bien, la clave de nuestro éxito radica en optimizar las actividades, relaciones e interacciones entre todas las partes del sistema"[d].

Para asuntos complejos, algunas de las estrategias más prometedoras se encuentran cuando todos los sectores (empresas, gobiernos y sociedad civil) se unen para alinear sus esfuerzos por un cambio social en lo que se conoce como **Iniciativas de múltiples interesados** (MSI - *Multi-stakeholder initiatives*). Esta forma emergente de gobernanza colaborativa [e] busca reunir a todos los *stakeholders* en un sistema, incluidos aquellos que tradicionalmente han sido marginados, para participar en el diálogo, en la toma de decisiones y la implementación de soluciones a problemas u objetivos comunes. Son sistemas complejos en los que la autoridad, el conocimiento y los recursos están interconectados y distribuidos entre un gran número de actores; por lo tanto, las relaciones de poder no se pueden organizar jerárquicamente, sino que son de igual a igual. Hay varios ejemplos de MSI en este capítulo.

Estas redes de gobernanza albergan oportunidades para que la gente pueda conectar en persona y en plataformas digitales y a menudo, toman forma de redes distribuidas. De esta forma, cualquier parte de la red puede conectarse con otra parte, en cualquier momento, sin ningún intermediario, concentrador o representante[f]. La decisión de agruparse en torno a un problema emergente no tiene que ser examinada o coordinada por un órgano centralizado o descentralizado, sino que la acción puede emanar desde cualquier punto dentro de la red. Por lo tanto, el gobierno es, a menudo, un miembro clave de la red, pero no necesariamente dirige los compromisos. Existe una libertad estructural para comunicarse, coordinarse y agruparse en torno a problemas emergentes; para montar y desmontar según sea necesario; y reunir combinaciones novedosas de talento y recursos para adaptarse a las oportunidades y retos del entorno[g].

Las alianzas de múltiples *stakeholders* entre las Naciones Unidas, empresas, ONGs, gobiernos y otros actores, están desempeñando un importante papel en los Objetivos de Desarrollo Sostenible (ODS) de las Naciones Unidas. Para empresas globales, la implementación de la agenda ODS ofrece nuevas oportunidades de negocio transformadoras.

Al participar en redes de gobernanza colaborativa, las empresas tienen nuevas oportunidades para alinear sus intereses con las necesidades rápidamente cambiantes de la sociedad y producir soluciones innovadoras que generen nuevos mercados. "La colaboración entre diferentes actores con conocimientos, experiencia y recursos relevantes puede crear nuevas formas de entender un problema de política, desarrollar nuevas ideas creativas, calificar la selección de ideas, transformar y probar las ideas innovadoras seleccionadas, evaluar su funcionalidad y finalmente difundirlas a audiencias relevantes" [h].

---

[a] https://www.blackrock.com/corporate/en-no/investor-relations/larry-fink-ceo-letter

[b] Cone Communications CSR Study, 2017. http://www.conecomm.com/research-blog/2017-csr-study

[c] Korten, David, "The New Economy: A Living Earth Systems Model" https://thenextsystem.org/the-new-economy-a-living-earth-system-model

[d] Gopal, Srik; Clarke, Tiffany, FSG, 2015. "System Mapping: A Guide to Developing Actor Maps"

[e] El término "gobernanza colaborativa" se refiere a un campo relativamente nuevo y emergente; este enlace muestra las definiciones más usadas por académicos, practicantes y participantes: http://tinyurl.com/CollaborativeGovernance

[f] Appalachian Foodshed Project, 2016. "A Regional Report on Community Food Security."

[g] Network Impact and the Center for Evaluation Innovation, 2014.

[h] Eva Sørensen, The metagovernance of public innovation in governance networks. Publicación presentada en la conferencia *Policy & Politics* en Bristol, 16 – 17 de Septiembre de 2014.

# Resumen

Fortalecer la red de la sociedad es una forma de cumplir con la responsabilidad de la empresa con su entorno. Puedes crear tus propias pruebas sobre esta responsabilidad externa de la misma forma que puedes experimentar con las estrategias, estructuras y procesos internos de la empresa.

¡Abandona tu isla para disfrutar de la fiesta!

# Bibliografía

## Parte I - Reuniendo a la banda


Agile Fluency: http://www.agilefluency.org/model.php

AgileManifesto: http://agilemanifesto.org

AgileHRManifesto: http://agilehrmanifesto.org/

AgileMarketingManifesto:
http://agilemarketingmanifesto.org/

Andreessen, M.: Why Software is eating the World. The Wall Street Journal. August 20, 2011.
http://tinyurl.com/jymevjd (last accessed, February 17, 2017)

BBRT: Beyond Budgeting Round Table. http://bbrt.org

Beer, S. (1995): Diagnosing the System for Organizations. New York: Wiley.

Beta Codex: http://betacodex.org/de

Beyond Budgeting Principles: http://bbrt.org/the-beyond-budgeting-principles/

Bogsnes, B. (2016, ebook): Implementing Beyond Budgeting. Unlocking the Performance Potential. Hoboken, NJ: Wiley. Kindle ed.

Brown, J. (2005): The World Café: Shaping our Futures through Conversations That Matter. San Francisco, CA: Berrett-Koehler Publishers, Kindle ed.

Buck, J. & Villines, S. (2017): We the People. Consenting to a Deeper Democracy. Washington, D.C.: Sociocracy.info

Cadbury, Sir Adrian: Shareholders versus Customers.
Economia. October 13, 2013. http://tinyurl.com/jrdjv64
(Last accessed February 6, 2017)

Charest, G. (2007): La Democratie Se Meurt! Vive la Sociocratie!
Reggio Emilia, Italy: Esserci.

Circle Forward: http://www.circleforward.us/

Cooperrider, D.: Introduction to Appreciative Inquiry. AI Commons. http://tinyurl.com/y8dlgygk Last accessed July, 2017.

Cynefin. https://en.wikipedia.org/wiki/Cynefin

DAD: Disciplined Agile Delivery.
http://www.disciplinedagiledelivery.com/

Deep Democracy, http://www.iapop.com/deep-democracy/

Denning, S.: What Is Agile? The Four Essential Elements.
http://tinyurl.com/y7c4jgtg October 15, 2017. (Last accessed December, 2017)

Drago-Severson, E., Blue-DeStefano, J., Asghar, A. (2013): Learning for Leadership. Developmental Strategies for Building Capacity in Our Schools. Corwin Publishers.

Duhigg, C. What Google Learned From Its Quest to Build the Perfect Team. The New York Times Magazine. February 25, 2016. http://tinyurl.com/zruz7tm (last accessed, February 17, 2017)

Eckstein, J. (2004): Agile Software Development in the Large: Diving into the Deep. New York, NY: Dorset House Publishing.

Emery, F.E. & Trist E.L. (1973): Towards a Social Ecology: Contextual Appreciation of the Future in the Present by F. E. Emery. Springer.

Endenburg, G. (1998, 2nd ed.) Sociocracy: The organization of decision-making; "no objection" as the principle of sociocracy. Eburon

Enterprise Scrum: http://www.enterprisescrum.com/

Eoyang, G. and Holladay, R. (2013, ebook): Adaptive Action: Leveraging Uncertainty in Your Organization. Stanford, CA: Stanford University Press. Kindle ed.

Follett, M.P. (2013): Dynamic Administration: The Collected Papers of Mary Parker Follett. Martino Fine Books.

GitHub: https://en.wikipedia.org/wiki/GitHub

Guldner, J.: Unternehmensstruktur: Die Mär von flachen Hierarchien (engl.: Organization Structures: The fairy tale of flat hierarchies. Die Wirtschaftswoche. August 29, 2016.
http://tinyurl.com/j2dlnds (last accessed, February 6, 2017)

Hesman Saey, T.: Proteins that reprogram cells can turn back mice's aging clock. Science News, December 15, 2016.
http://tinyurl.com/z3c5k9k (last accessed, February 17, 2017)

Hope, J. & Fraser, R. (2003): Beyond Budgeting: How Managers Can Break Free from the Annual Performance Trap, Harvard Business Review Press.

Hope, J., Bunce, P., & Röösli, F. (2011): The Leader's Dilemma: How to Build an Empowered and Adaptive Organization Without Losing Control. San Francisco, CA: Jossey-Bass.

HSD: Human Systems Dynamics.
http://www.hsdinstitute.org/

Industry Analyst Panel, Agile 2016:
http://tinyurl.com/hzevhj3 (last accessed, February 17, 2017)

Jacobsen, I., Spence, I. & Seidewitz, E. (2016): Industrial-Scale Agile - From Craft to Engineering. Communications of the ACM. December 2016. P. 63-71.

Laloux, F. (2014): Reinventing Organizations. A Guide to Creating Organizations Inspired by the Next Stage of Human Consciousness. Brussels, Belgium: Nelson Parker.

Larman, C. & Vodde (2016) B. Large-Scale Scrum. More with LeSS. Reading, Mass.: Addison-Wesley.

LeSS: Large Scale Scrum. https://less.works/

Lipmanowicz, H. & McCandless, K. (2014): The Surprising Power of Liberating Structures: Simple Rules to Unleash A Culture of Innovation. Liberating Structure Press.

McKinsey survey: http://tinyurl.com/yc36w9zv
(last accessed November, 2017)

ModernAgile: http://modernagile.org/

Nexus: Exoskeleton for Scaled Scrum. Also referred to as SPS - Scaled Professional Scrum.
https://www.scrum.org/Resources/The-Nexus-Guide

OpenSpaceWorld: http://openspaceworld.org/

Owen, H. (2008, 3rd ed.): Open Space Technology. A User's Guide. Berrett-Koehler Publishers.

Reijmer, A. & Strauch, B. (2016): Soziokratie. Das Ende der Streitgesellschaft. Wenen: Soziokratie Zentrum Österreich.

Responsive: http://responsive.org and Zander, R.P. (2017): Responsive: What It Takes To Create A Thriving Organization. Zander Publishing.

Robertson, B. J. (2015): Holacracy. The New Management System for a Rapidly Changing World. New York, NY. Henry Holt & Company.

Rosenberg, M.B. (2015, 3rd ed.): Nonviolent communication. A Language of Life. PuddleDancer Press. Kindle ed.

SAFe: Scaled Agile Framework.
http://www.scaledagileframework.com/

ScaledPrinciples: ScALeD Agile Lean Development – The Principles. http://scaledprinciples.org/

Scharmer, C.O. (2009, ebook): Theory U: Learning from the Future as It Emerges. San Francisco, CA: Berrett-Koehler Publishers, Kindle ed.

Semco: The Semco Institute. https://semcostyle.org/

Senge, P. et.al. (2011, ebook): The Necessary Revolution: How Individuals and Organisations Are Working Together to Create a Sustainable World. Clerkenwell, London, UK: Nicholas Brealey Publishing, Kindle ed. and online: https://www.solonline.org/

Sheridan, R. (2015): Joy, Inc.: How We Built a Workplace People Love. Portfolio.

Snowden, D. (2000): Cynefin: a sense of time and space, the social ecology of knowledge management. In: Despres, C., Chauvel, D. (eds.): Knowledge Horizons: The Present and the Promise of Knowledge Management. Butterworth-Heinemann, Oxford.

Sociocracy3.0: http://sociocracy30.org/

Valve: http://www.valvesoftware.com/jobs/,
https://en.wikipedia.org/wiki/Valve_Corporation

VUCA: http://tinyurl.com/nh9827f

Waugh, R.: Mark Zuckerberg invests in CAPTCHA-crushing AI which "thinks like a human". welivesecurity. March 25, 2014. http://tinyurl.com/jmne5qa (last accessed, February 17, 2017)

Whitehurst, J. (2015): The Open Organization: Igniting Passion and Performance. Harvard Business Review Press.

World Blu: http://www.worldblu.com/

# Parte II - Improvisando la melodía

Agile Fluency:
http://martinfowler.com/articles/agileFluency.html;
http://www.agilefluency.org

AgileLucero: http://agilelucero.com/

AgileManifesto: http://agilemanifesto.org

Andreessen, M.: Why Software is eating the World. The Wall Street Journal. August 20, 2011.
http://tinyurl.com/jymevjd (last accessed, February 17, 2017)

Beer, S. (1995): Diagnosing the System for Organizations. New York: Wiley.

Bergmann, F. (2019, reprint ed.): New Work New Culture: Work We Want And A Culture That Strengthens Us. Zero Books.

Beyond Budgeting Principles: http://bbrt.org/the-beyond-budgeting-principles/

Bogsnes, B. (2016, ebook): Implementing Beyond Budgeting. Unlocking the Performance Potential. Hoboken, NJ: Wiley. Kindle ed.

Bogsnes, B. (2017, LinkedIn article): Hitting the target but missing the point - myths about target setting.
Online: http://tinyurl.com/ybf2fcc4 (last accessed January, 2018)

Buck, J. & Villines, S. (2017): We the People. Consenting to a Deeper Democracy. Washington, D.C.: Sociocracy.info.

Cynefin. https://en.wikipedia.org/wiki/Cynefin

Drago-Severson, E., Blue-DeStefano, J., Asghar, A. (2013): Learning for Leadership. Developmental Strategies for Building Capacity in Our Schools. Corwin.

Emery, F.E. & Trist E.L. (1973): Towards a Social Ecology: Contextual Appreciation of the Future in the Present by F. E. Emery. Springer.

Eoyang, G. (2009): Coping with Chaos: Seven Simple Tools. Circle Pines, MN: Lagumo.

Eoyang, G. and Holladay, R. (2013, ebook): Adaptive Action: Leveraging Uncertainty in Your Organization. Stanford, CA: Stanford University Press. Kindle ed.

Garland, Jr., Theodore. "The Scientific Method as an Ongoing Process". U C Riverside. Archived from the original on 19 Aug 2016.
http://tinyurl.com/y9xdr6aa

GoldCard: http://tinyurl.com/j6q7b8a

Hope, J., Bunce, P., & Röösli, F. (2011): The Leader's Dilemma: How to Build an Empowered and Adaptive Organization Without Losing Control. San Francisco, CA: Jossey-Bass

HSD: Human Systems Dynamics.
http://www.hsdinstitute.org/

Herman, M. (2016): Inviting Leadership in Open Space. A Guide for Training and Practice.
http://tinyurl.com/n2z4sg4 (last accessed April 14, 2017)

Ismail, S., Malone, M.S. & van Geest, Y. (2014, Kindle ed.): Exponential Organizations. Why new Organizations are ten time better, faster, and cheaper than yours (and what to do about it). Diversion Publishing.

ISO9000: Quality Management.
http://www.iso.org/iso/iso_9000

Kepferle, L. & Main, K. (1995): The University of Kentucky Center for Rural Health. In: Owen, H. (1995): Tales from Open Space. Abbott Publishing. Available online: http://tinyurl.com/kldsu4b (last accessed April 29, 2017)

Kerth, N. (2001): Project Retrospectives. A Handbook for Team Reviews. New York, NY: Dorset House Publishing.

Krippendorff, K. (1986):
http://pespmc1.vub.ac.be/ASC/Kripp.html (last accessed May 17, 2017)

Leybourn, E. (2018): https://www.linkedin.com/pulse/dear-company-you-business-make-money-evan-leybourn/ (last accessed February, 2018)

Lipmanowicz, H. & McCandless, K. (2014): The Surprising Power of Liberating Structures: Simple Rules to Unleash A Culture of Innovation. Liberating Structure Press.

Mamoli, S. & Mole, D. (2015): Creating Great Teams: How Self-Selection Lets People Excel. Pragmatic Bookshelf.

Mezick, D. et.al (2015, 2nd ed.): The OpenSpace Agility Handbook. Freestanding press.

Owen, H. (2008, 3rd ed.): Open Space Technology. A User's Guide. Berrett-Koehler Publishers.

Patton, J. & Economy P. (2014, Kindle ed.): User Story Mapping: Discover the Whole Story, Build the Right Product. O'Reilly Media.

Pedagogical Patterns Editorial Board. (2012): Pedagogical Patterns: advice for Educators. Joseph Bergin Software Tools.

PrincipiaCybernetica: http://pespmc1.vub.ac.be/ASC/PRINCI_SELF-.html

Reinertsen, D. G. (2009, Kindle ed.): The Principles of Product Development Flow: Second Generation Lean Product Development. Celeritas Publishing.

Ries, E. (2011, Kindle ed.): The Lean Startup. How Today's Entrepreneurs Use Continuous Innovation to Create Radically Successful Businesses. Crown Publishing Group.

Romme, Georges. Quest for Professionalism. (2016) The Case of Management and Entrepreneurship. Oxford University Press.

Rothman, J. & Eckstein, J. (2014, Kindle ed.): Diving for Hidden Treasures: Uncovering the Cost of Delay in Your Project Portfolio. Practical Ink.

Satir V., Gomori M., Banmen J. & Gerber. J.S. (1991). The Satir model: family therapy and beyond. Palo Alto, CA: Science and Behavior Books.

Schneider, J. (2017) Understanding how Design Thinking, Lean and Agile Work Together http://tinyurl.com/ya6kx7j9 (Last accessed November, 2017)

Wölbling, A., Krämer, K. Buss, C.N., Dribbisch, K., LoBue, P. & Taherivand, A. (2012): Design Thinking: An Innovative Concept for Developing User-Centered Software, in Software for People. Mädche, Alexander (eds.), Berlin: Springer.

## Parte III - ¿Bailamos?

AgileAlliance Experience Reports:
http://tinyurl.com/ydf7uu3d

Agile Fluency: http://www.agilefluency.org/model.php

Beer, S. (1995): Diagnosing the System for Organizations. New York: Wiley.

Bregman, P. (2009): How to Teach Yourself Restraint. Harvard Business Review online:
https://hbr.org/2009/06/how-to-teach-yourself-restrain.html (Last accessed August, 2017)

Bregman, P. (2012): If You're Too Busy to Meditate, Read This. Harvard Business Review online:
https://hbr.org/2012/10/if-youre-too-busy-to-meditate.html (Last accessed August, 2017)

Carver, J. (1997, 2nd ed.): Boards That Make a Difference: A New Design for Leadership in Nonprofit and Public Organizations, San Francisco, CA: Jossey-Bass.

Chandler, A.: http://tinyurl.com/y3nxuqgn (Last accessed August, 2019)

Cooperrider, D.: Introduction of Appreciative Inquiry. AI Commons. http://tinyurl.com/y8dlgygk (Last accessed July, 2017)

Dignan, A.: The OS Canvas. How to rebuild your organization from the ground up.
http://tinyurl.com/yavden66 (Last accessed January, 2018)

Eoyang, G. and Holladay, R. (2013, ebook): Adaptive Action: Leveraging Uncertainty in Your Organization. Stanford, CA: Stanford University Press. Kindle ed.

Fu Y. & Huang ZJ. (2010): Differential dynamics and activity-dependent regulation of alpha- and beta-neurexins at developing GABAergic synapses. In: Proceedings National Academy of Science U S A. 2010 Dec 28; 107(52): 22699-704. doi: 10.1073/pnas.1011233108. Epub 2010 Dec 13.

Gomez, P. & Zimmermann, T. (1999): Unternehmensorganisation: Profile, Dynamik, Methodik (Das St. Galler Management-Konzept), Frankfurt/Main. Campus.

Herzberg, F., Mausner, B., Snyderman, B. B. (1959): Motivation to Work. 2nd ed. New York: Wiley.

Holland, J. S. (2016): Unlikely Friendships DOGS. New York: Workman Publishing Co., Inc.

Hubbard, D.W. (2014): How to Measure Anything: Finding the Value of Intangibles in Business. 3rd ed. New York: Wiley.

Ismail, S., Malone, M.S. & van Geest, Y. (2014, Kindle ed.): Exponential Organizations. Why new Organizations are ten time better, faster, and cheaper than yours (and what to do about it). Diversion Publishing.

Kim, W.C. & Mauborgne, R. (2009): How Strategy Shapes Structure. In Harvard Business Review.
http://tinyurl.com/j2bn2ak (last accessed February 20, 2017)

Kline, N. (2015): Time to Think: Listening to Ignite the Human Mind. Cassell.

Kurtz, C.F. & Snowden, D. (2003): *The new dynamics of strategy: Sense-making in a complex and complicated world* In: IBM Systems Journal, Vol.42, No.3, p.462-483. Available also online:
http://alumni.media.mit.edu/~brooks/storybiz/kurtz.pdf
(Last accessed on April 5, 2017)

Larsen, D. & Nies, A. (2016): Liftoff. Start and Sustain Successful Agile Teams. The Pragmatic Programmers.

Liker, J.K. (2004): The Toyota Way: 14 Management Principles from the World's Greatest Manufacturer. New York: McGraw-Hill.

Manns, M.L, & Rising, L. (2015): More Fearless Change: Strategies for Making Your Ideas Happen. Reading, Mass.: Addison Wesley.

Mulder, P. (2014): The Kepner-Tregoe method:
http://tinyurl.com/ydh652rp

Poppendieck, M. & Poppendieck, T. (2003): Lean Software Development: An Agile Toolkit. Reading, Mass.: Addison-Wesley.

Resnik, David A. (2013): The Role of Reflection in Leader Identity Formation in Small- and Medium-Sized Organizations. Ph.D Dissertation, Cappella University, UMI # 3593145.

Ries, E. (2011, Kindle ed.): The Lean Startup. How Today's Entrepreneurs Use Continuous Innovation to Create Radically Successful Businesses. Crown Publishing Group.

Shen, L. & Hsee, C. (2017): Numerical Nudging: Using an Accelerating Score to Enhance Performance. Association for Psychological Science. http://tinyurl.com/yaqmm3sg

SWOT: http://tinyurl.com/ls2ye7d

Stacey, R. (2012): Tools and Techniques of Leadership and Management. Routledge.

Valve: http://www.valvesoftware.com/jobs/,
https://en.wikipedia.org/wiki/Valve_Corporation

VolkswagenAct:
https://en.wikipedia.org/wiki/Volkswagen_Act

Merriam-Webster:
http://merriam-webster.com/dictionary/pattern

# Apéndice

## Principios de Más Allá del Presupuesto

De Beyond Budgeting:[19]

1. Propósito - Involucra e inspira a las personas en torno a causas nobles; **no** en torno a objetivos financieros a corto plazo.
2. Valores - Gobierna a través de valores compartidos y buen juicio; **no** a través de reglas y regulaciones detalladas.
3. Transparencia - Haz que la información esté abierta para la auto-regulación, innovación, aprendizaje y control; **no** la restrinjas.
4. Organización - Cultiva un fuerte sentido de pertenencia y organízate en torno a equipos responsables; **evita** el control jerárquico y la burocracia.
5. Autonomía - Confía en las personas con libertad para actuar; **no** castigues a todos si alguien abusa de la confianza.
6. Clientes - Conecta el trabajo de todo el mundo con las necesidades del cliente.; **evita** el conflicto de intereses.
7. Ritmo - Organiza los procesos de gestión de forma dinámica en torno a los ritmos y eventos empresariales; **no** únicamente alrededor del año de calendario.
8. Objetivos - Establece metas direccionales, ambiciosas y relativas; **evita** objetivos fijos y en cascada.
9. Planes y pronósticos - Haz que la planificación y pronósticos sean procesos ligeros e imparciales; **no** ejercicios rígidos y políticos.

---

[19]https://bbrt.org/the-beyond-budgeting-principles/

10. Asignación de recursos - Fomenta una mentalidad consciente de los costes y haz que los recursos estén disponibles según sea necesario; **no** a través de asignaciones presupuestarias detalladas anualmente.

11. Evaluación del desempeño - Evalúa el desempeño de forma holística y con el *feedback* de los compañeros para el aprendizaje y el desarrollo; **no** basado solo en mediciones y como recompensa.

12. Recompensas - Premia el éxito compartido frente a la competición; **no** premies sobre contratos de desempeño fijos.

## Principios de *Open Space*

De Wikipedia on Open Space:[20]

1. *Quien viene es la gente adecuada* ... recuerda a los participantes que no necesitan al CEO ni a 100 personas para hacer algo, se necesitan personas que se preocupen. Y, en ausencia de la dirección, el control que se ejerce en una reunión tradicional, es ejercido por quien aparece en las diversas sesiones de trabajo de un *Open Space*.

2. *Cualquier momento para empezar es el momento adecuado* ... recuerda a los participantes que "el alma y la creatividad no entienden de horarios".

3. *Cualquier lugar, es el lugar correcto* ... recuerda a los participantes que el espacio está abierto a cualquier lugar todo el tiempo. Se consciente y responsable.

4. *Cualquier cosa que suceda es la única cosa que podría haber pasado, ¡prepárate para ser sorprendido!* ... recuerda a los participantes que una vez que suceda algo, está hecho y ninguna inquietud, queja o repetición puede cambiar eso. Siga adelante. La segunda parte nos recuerda que todo está bien.

---

[20]https://en.wikipedia.org/wiki/Open_Space_Technology

5. *Se termina cuando haya que terminar (dentro de esa sesión)* ... recuerda a los participantes que nunca sabemos cuánto tiempo nos llevará resolver un problema una vez planteado, pero que siempre que el problema, el trabajo o la conversación haya terminado, continúa con la siguiente cosa. No sigas discutiendo lo mismo solo porque quedan 30 minutos de sesión. Haz el trabajo, no cumplas el tiempo.

Además de estos cinco principios hay una ley llamada la "Ley de los dos pies": si en algún momento durante nuestro tiempo juntos eres consciente de alguna situación en la que no estas ni aprendiendo ni contribuyendo, usa tus dos pies y vete a un sitio diferente.

# Principios de Sociocrácia

De Sociocrácia:[21]

1. **Consentimiento**: El Principio de Consentimiento dice que cada decisión política (en la cual hacemos o cambiamos las reglas del juego) es tomada por consentimiento. El consentimiento no es consenso, no quiere decir que todo el mundo esté de acuerdo. Significa que nadie es consciente de un riesgo que no podemos permitirnos correr. Sabemos que hemos tomado una decisión por consentimiento cuando alguien (normalmente el facilitador) pregunta "¿Alguien puede ver algún riesgo que no podemos asumir al adoptar esta propuesta?". Si cada participante en la reunión indica que no ve ningún riesgo que no podamos permitirnos asumir, hemos tomado una decisión por consentimiento para intentar el experimento descrito en esa propuesta. Si las políticas son las reglas del juego, entonces las operaciones están "jugando el juego". Aunque solo tomemos decisiones políticas por consentimiento,

---

[21]http://thesociocracygroup.com/home/basic-principles/4-principles/

podemos tomar decisiones operativas como nos indiquen las normas. La mayoría de las veces, esto significa una delegación muy clara de los presupuestos y decisiones a roles específicos y la asignación de personas a esos roles.

2. ***Círculos**: El Principio de los Círculos nos dice que una organización sociocrática está compuesta de círculos: equipos semi-autónomos y auto-organizados en los que cada uno toma sus propias decisiones para pertenecer al mismo, deciden sus propios métodos de trabajo y gestionan sus propios presupuestos. Cada círculo define su política (y algunas políticas que aplican a otros círculos que le reportan) por consentimiento y utiliza otros métodos de toma de decisiones según corresponda a su trabajo operativo. La clave del principio de los círculos, es que cada círculo se organiza en torno a la entrega de un tipo específico de valor a un cliente específico (dentro o fuera de la organización). Un círculo para un huerto incluiría agricultores, camioneros, gente de ventas y contables, o al menos las personas que administran los sub-círculos dedicados a esas áreas de trabajo. Cada tipo específico de valor se conoce como objetivo.

3. **Feedback**: El Principio de *feedback* requiere que usemos procesos de *feedback* en todas partes de nuestro trabajo, y especialmente en la estructura de control de la organización. Mientras la mayoría de las empresas tienen una estructura organizacional de arriba hacia abajo, con jefes actuando de enlace de un nivel de la organización a otro inferior, estos "enlaces únicos" son frecuentemente cuellos de botella para la información importante que las personas en primera linea conocen y los jefes de la jerarquía más alta no. Las organizaciones sociocráticas utilizan "enlaces dobles" para conectar cada círculo con el superior. El rol de líder operacional proporciona guía y priorización del círculo superior a uno por debajo de él, especialmente para la operativa normal. El rol de representante proporciona *feedback* y una guía desde el círculo inferior al círculo superior al que reporta.

Mientras que los representantes pueden no tener ninguna responsabilidad operativa en el más alto de sus dos círculos, ellos (junto con el líder operativo) son miembros de pleno derecho de ambos círculos a los efectos de cualquier toma de decisiones por consentimiento.

4. **Elección**: El Principio de Elección por Consentimiento proporciona un importante contrapeso. Mientras podemos delegar casi cualquier decisión a los roles o procesos operativos, usando decisiones políticas tomadas por consentimiento. El único tipo de decisión que no podemos delegar es la elección de un rol importante: el representante. Los representantes deben ser elegidos con el consentimiento del círculo al que representan. Esto asegura que la organización está entretejida por una red de consentimiento y que el control fluya en círculos a través de toda la organización.

## Principios *Agile*

De *Agile Manifesto*:[22] Estamos descubriendo mejores formas de desarrollar software, tanto por nuestra propia experiencia como ayudando a otros a hacerlo. A través de este trabajo hemos aprendido a valorar:

- Individuos e interacciones sobre procesos y herramientas
- Software funcionando sobre documentación extensiva
- Colaboración con el cliente sobre negociación contractual
- Respuesta ante el cambio sobre seguir un plan

Esto es, aunque valoramos los elementos de la derecha, valoramos más los de la izquierda.

De nuevo del *Agile Manifesto*:[23] *Seguimos estos principios:*

---

[22]http://agilemanifesto.org
[23]http://agilemanifesto.org/principles.html

1. Nuestra mayor prioridad es satisfacer al cliente mediante la entrega temprana y continua de software con valor.

2. Aceptamos que los requisitos cambien, incluso en etapas tardías del desarrollo. Los procesos Ágiles aprovechan el cambio para proporcionar ventaja competitiva al cliente.

3. Entregamos software funcional frecuentemente, entre dos semanas y dos meses, con preferencia al periodo de tiempo más corto posible.

4. Los responsables de negocio y los desarrolladores trabajamos juntos de forma cotidiana durante todo el proyecto.

5. Los proyectos se desarrollan en torno a individuos motivados. Hay que darles el entorno y el apoyo que necesitan, y confiarles la ejecución del trabajo.

6. El método más eficiente y efectivo de comunicar información al equipo de desarrollo y entre sus miembros es la conversación cara a cara.

7. El software funcionando es la medida principal de progreso.

8. Los procesos Ágiles promueven el desarrollo sostenible. Los promotores, desarrolladores y usuarios debemos ser capaces de mantener un ritmo constante de forma indefinida.

9. La atención continua a la excelencia técnica y al buen diseño mejora la Agilidad.

10. La simplicidad, o el arte de maximizar la cantidad de trabajo no realizado, es esencial.

11. Las mejores arquitecturas, requisitos y diseños emergen de equipos auto-organizados.

12. A intervalos regulares el equipo reflexiona sobre cómo ser más efectivo para a continuación ajustar y perfeccionar su comportamiento en consecuencia.

# Acerca de Jutta Eckstein

Jutta Eckstein trabaja como *coach* independiente, consultora, formadora, autora y conferenciante. Ha ayudado a muchos equipos y organizaciones de todo el mundo a hacer transformaciones *Agile*. Tiene experiencia aplicando *Agile* en proyectos distribuidos de misión crítica de tamaño grande y mediano y ha escrito sobre sus experiencias. Tiene un máster en *Coach* de negocios y Gestión del Cambio, un Diploma de Ingeniería de Producto y una Licenciatura en Educación.

Es miembro de *Agile Alliance* (habiendo estado en el comité de dirección desde 2003 a 2007) y miembro del comité de programas de muchas conferencias diferentes de América, Asia y Europa, donde también ha presentado su trabajo.

Para contactar con Jutta:

- @juttaeckstein

- Jutta en Linkedin[24]
- Jutta en Xing[25]
- Sitio web de Jutta[26]

---

[24]https://linkedin.com/in/juttaeckstein/
[25]http://xing.com/profile/Jutta_Eckstein
[26]http://jeckstein.com

# Acerca de John Buck

John Buck es presidente de GovernanceAlive LLC, una organización internacional de formación y consultoría con sede en Washington, DC, Estados Unidos. La firma también ofrece servicios de mediación y facilitación de reuniones. John ha realizado numerosas formaciones de sociocracia y liderado la implementación de muchos proyectos para una gran variedad de organizaciones, incluyendo proyectos de BOSSA nova. Presta servicio en la dirección de varias organizaciones. Realiza tareas de investigación y desarrollo. Por ejemplo, está trabajado con el laboratorio de software avanzado de Fujitsu para desarrollar Weaver, un software que ayuda a que las reuniones vayan mejor, tanto en persona, online y de forma asíncrona.

John Buck tiene una amplia experiencia en gestión con gobiernos y corporaciones, incluida la gestión de grandes proyectos de tecnología de la información. Sus clientes están repartidos por todo el mundo e incluyen fabricantes de plásticos, escuelas, colegios y universidades, centros de atención a largo plazo, grupos de covivienda, ONGs, productores de alimentos y empresas de software. Posee un máster en Sociología Cuantitativa de la Universidad de *George Washington*.

Para contactar con John:

- @johnabuck
- John en Linkedin[27]
- *Center for Dynamic Community Governance* en Facebook[28]
- *Sociocracy Consulting Group* en Facebook[29]
- http://thesociocracygroup.com[30]
- http://www.dynamic-governance.org/[31]

---

[27] https://linkedin.com/in/john-buck/
[28] https://facebook.com/CenterforDCG/
[29] https://facebook.com/The-Sociocracy-Consulting-Group-465155886838177
[30] http://thesociocracygroup.com
[31] http://www.dynamic-governance.org/

# Acerca de Carlos Marín Pascual

Carlos Marín trabaja como consultor *Agile*, ayuda a las organizaciones en el proceso de transformación hacia nuevos marcos de trabajo. Los equipos y empresas que no evolucionan desaparecen.

Es Ingeniero en Electrónica Industrial y posee un *Master in Business Administration* (MBA), cuenta con una amplia experiencia en la dirección de proyectos IT y de desarrollo de producto electrónico para la industria, tanto desde un enfoque tradicional (predictivo) como Agile (adaptativo).

Una de sus citas favoritas es la de Edwards Deming: "Nada lo obliga a cambiar, usted cambia si quiere… después de todo, sobrevivir no es obligatorio"

Para contactar con Carlos:

- Carlos en Linkedin[32]

---

[32] https://www.linkedin.com/in/carlosmarinpascual/en

# Otros libros de los autores

Nosotros, el Pueblo

*Acordando una democracia más profunda*

John Buck & Sharon Villines

Traducido por Romina Piscione

Un manual para comprender e implementar principios e practices sociocráticas.

Segunda edición, actualizada y ampliada

La segunda edición se publicó el 7 de septiembre de 2017. Sociocracia es un método de gobernanza y diseño organizacional basado en la colaboración y la toma de decisiones por consenso. El método evolucionó a partir de los métodos de toma de decisiones de Quaker, y luego se integró con la cibernética y el pensamiento sistémico para incorporarlo al mundo corporativo. El libro incluye el texto que explica la historia y la teoría, 3 escritos originales de sociólogos y empresarios que desarrollaron las ideas, ejemplos de estatutos para empresas y organizaciones sin fines de lucro, guías para el uso de las técnicas, un glosario, bibliografía e índice. Este es el único libro sobre este tema y debería estar circulando durante mucho tiempo

*Excelente libro sobre una forma integral de trabajar con las personas. Las jerarquías clásicas pierden el sentido en muchas -casi todas- las organizaciones conocidas.*

*Sin lugar a duda un libro obligado a aquellos que se han cansado del ordeno y mando. Su evolución Sociocracy3.0 o holacracia son mejoras pero el pilar está en este libro y en el libro "Reinventar organizaciones"* ~Luis Sánchez Peña

*...las agejas ponen en juego en un proceso que incluye la buscueda de hechos colectivamente, el debate vigoroso y la construcción [de consentimiento].* ~Thomas Seeley, Universidad de Cornell

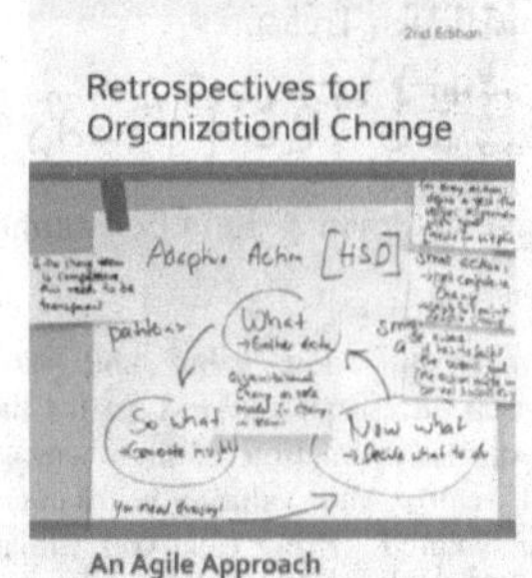



## Retrospectives for Organizational Change, 2nd ed.

*An Agile Approach*

By Jutta Eckstein

About the book:

In this book, Jutta Eckstein examines how retrospectives —originally a kind of a facilitated workshop for gaining feedback— can be applied conceptually to initiate and implement organizational change.

Technically, retrospectives were an instrument for a group to examine a past joint period of time and learn from that. The participants of a Retrospective for Organizational Change do not share a joint past, yet they learn from their different individual experiences and use this as a basis to form a shared future. The main strength is to leverage the experiences of a diverse group. Especially if the change is dynamic, which means the approach toward the goal is unclear or if it is complex, where the goal itself is in-determinate, Retrospectives for Organizational Change can provide a way to support the change.

This book covers the conceptual idea of using Retrospectives for Organizational Change and additionally reports on the feedback and experiences of its practical application.

Linda Rising says about this book:

> "Of course, there are other books on the protocols and exercises for retrospectives, but these don't share the 'whys' of this important ritual. What Jutta has done for us is provide real experience reports that show how useful retrospectives can be and share her research around using retrospectives to lead change in an organization. Get this book and read it!"
> (Linda Rising, Co-Author of *Fearless Change* and *More Fearless Change*)

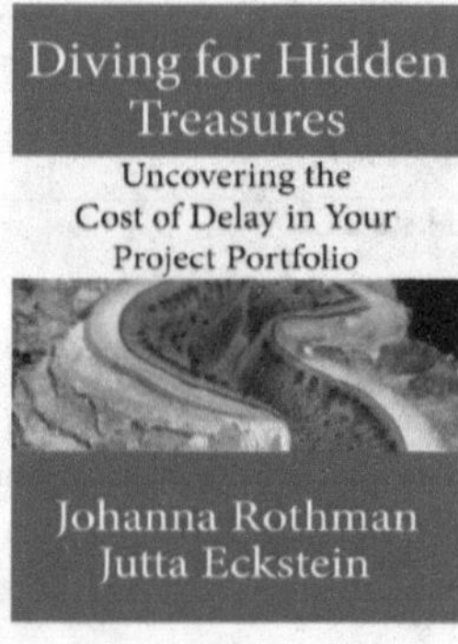


Diving for Hidden Treasures

*Uncovering the Cost of Delay in Your Project Portfolio*

By Johanna Rothman & Jutta Eckstein

About the book:

Does your organization value and rank projects based on estimation? Except for the shortest projects, estimation is often wrong. You don't realize the value you planned when you wanted. How can you finish projects in time to realize their potential value?

Instead of estimation, consider using cost of delay to evaluate and rank projects. Cost of delay accounts for ways projects get stuck: multitasking, other projects not releasing on time, work queuing behind experts, excessive attention to code cleanliness, and management indecision to name several.

Once you know about cost of delay, you can decide what to do about it. You can stop the multitasking. You can eliminate the need for experts. You can reduce the number of projects and features in progress. You can use cost of delay to rank projects and work in your organization. Learn to use cost of delay to make better decisions for your project, program, or project portfolio.

Have you ever wondered about how your projects become late? Are you worried that your projects become later and you don't know why?

Cost of delay can tell you where the delays occur and why. Common practices, such as multitasking, experts, and even other projects' delay can make your project late. Learn simple tools and methods for analyzing and eliminating the costs of delay in your project.

## Agile Software Development with Distributed Teams

### *Staying Agile in a Global World*

### By Jutta Eckstein

About the book:

All software projects face the challenges of diverse distances – temporal, geographical, cultural, lingual, political, historical, and more. Many forms of distance even affect developers in the same room. The goal of this book is to reconcile two mainstays of modern agility: the close collaboration agility relies on, and project teams distributed across different cities, countries, and continents.

In *Agile Software Development with Distributed Teams,* Jutta Eckstein asserts that, in fact, agile methods and the constant communication they require are uniquely capable of solving the challenges of distributed projects. Agility is responsiveness to change -- in other words, agile practitioners maintain flexibility to accommodate changing circumstances and results. Iterative development serves the learning curve that global project teams must scale.

This book is *not* about how to outsource and forget your problems. Rather, Eckstein details how to carefully select development partners and integrate efforts and processes to form a better product than any single contributor could deliver on his or her own. The author de-emphasizes templates and charts and favors topical discussion and exploration. Practitioners share experiences in their own words in short stories throughout the book. Eckstein trains readers to be change agents, to creatively apply the concepts in this book to form a customized distributed project plan for success.

Topics include:

- The Productivity Myth
- Ensuring Conceptual Integrity
- Trust and Mutual Respect
- Virtual Retrospectives

Agile Software Development in the Large

*Diving into the Deep*

By Jutta Eckstein

About the book:

Agile or "lightweight" processes have revolutionized the software development industry. They're faster and more efficient than traditional software development processes.

They enable developers to embrace requirement changes during the project, to deliver working software in frequent iterations, and moreover to focus on the human factor in software development.

Unfortunately, most agile processes are designed for small or mid-sized software development projects—bad news for large teams that have to deal with rapid changes to requirements. That means all large teams!

With *Agile Software Development in the Large*, Jutta Eckstein—a leading speaker and consultant in the agile community—shows how to scale agile processes to teams of up to 200. The same techniques are also relevant to teams of as few as 10 developers, especially within large organizations.

Topics include:
* the agile value system as used in large teams
* the impact of a switch to agile processes
* the agile coordination of several sub-teams
* the way project size and team size influence the underlying architecture

Stop getting frustrated with inflexible processes that cripple your large projects! Use this book to harness the efficiency and adaptability of agile software development.

# Índice

# A



# B

# D





# E

# F



# G

# H





# I

# R